Adrien Arcand

Le christianisme a-t-il fait faillite ?

Le malaise qui angoisse le monde actuel est-il voulu ?

" Notre devoir devant les faits "

Deux causeries : mai-juin 1954

Ce qui se passe sur la scène politique du monde est intéressant.

Ce qui se passe dans la coulisse et que l'on cache est plus intéressant encore.

Pour savoir ce qui se passe, d'où viennent les idées et les manœuvres qui vous poussent vers un abîme que vous ne voyez pas, lisez :

" The Savoisien "

" La Liberté par la Vérité "

Ceux qui trouvent sans chercher, sont ceux qui ont longtemps cherché sans trouver.
Un serviteur inutile, parmi les autres

30 MARS 2013

SCAN

John Doe

ORC, Mise en page
LENCULUS

Pour la **L**ibrairie **Ex**communiée **N**umérique des **CU**rieux de **L**ire les **US**uels

PRÉAMBULE

Le Comité Montréalais de Recherches Sociales m'a invité à inaugurer la série de conférences qu'il entend offrir au public que son genre de recherches peut intéresser. C'est un périlleux honneur dont je ne sous-estime pas les difficultés, sachant que d'autres me suivront sur cette tribune ou une autre pour faire valoir des idées et des points de vue différents.

Quel que soit le résultat du débat entrepris par le Comité, je crois qu'il aura dans son ensemble des effets bienfaisants, utiles pour la société, ne serait-ce qu'en attirant l'attention d'un plus grand nombre sur le problème capital de notre époque : la mort ou la survie de notre civilisation chrétienne.

" Le malaise qui angoisse le monde actuel est-il voulu ? Notre devoir devant les faits ".

Je ne crois pas que le Comité Montréalais de Recherches Sociales pouvait soumettre à ses conférenciers de sujet plus important et plus captivant, du moins pour ceux qui réalisent la gravité des temps et s'inquiètent de l'avenir.

Je m'en tiendrai strictement à la question posée, de même qu'au titre auquel j'ai été invité, selon les exigences fort raisonnables du Comité ; mais aussi j'ignorerai entièrement les tabous qu'un certain terrorisme social impose davantage chaque jour et je dirai la vérité telle que mes recherches me l'ont fait trouver, suivant la latitude fort raisonnable que le Comité m'a accordée.

Dire la vérité, de nos jours, est un privilège qui coûte assez cher et un sport qui comporte bien des risques. Mais ceux qui consentent à payer le prix et prendre les risques, si grands et si durs soient-ils, reçoivent en retour une " *marchandise* " qui a bien sa valeur : la liberté réelle et la paix qu'elle confère.

" *Le malaise qui angoisse le monde actuel est-il voulu ?* " S'il est voulu, il importe au plus haut point de savoir par qui. S'il n'est pas voulu, il importe pareillement de trouver quelle en est la cause.

Il ne fait aucun doute que l'humanité entière assiste à un ébranlement qui n'a pas eu de parallèle depuis l'effondrement du fier et majestueux empire romain, porteur de la civilisation olympienne, généralement appelée gréco-latine. D'autres empires avant lui, plus vastes et plus puissants, principalement en Asie, avaient croulé, provoquant parmi les masses humaines des perturbations plus grandes et des changements plus profonds.

Cependant, si l'on tient compte des étendues concernées et des moyens modernes d'influence, le simple ébranlement de notre civilisation occidentale suscite des remous plus dévastateurs et des bruits plus retentissants que les affaissements combinés de toutes les civilisations précédentes.

Le destin : naître et mourir

Ce qui se passe sur notre planète depuis deux siècles, le grand penseur Oswald Spengler a tenté de nous l'expliquer dans son magnifique essai d'une morphologie de l'histoire, comparant les étapes de notre civilisation avec celles des autres qui l'ont précédée. Il en a conclu au déclin, à la phase pré-mortelle de notre civilisation. On ne fut pas surpris d'entendre les autres écoles crier au pessimisme historique.

Pourtant, Spengler n'avait fait qu'appliquer aux civilisations la loi du destin qui régit les hommes et qui veut que tous aient une conception, une naissance, une enfance, une jeunesse, une adolescence, une maturité, une sénilité et une mort. Cette loi du destin est universelle et immuable pour tout ce qui a vie, dans le cours normal des choses. Lorsqu'un arbre est frappé à mort par une épidémie dans sa jeunesse ou qu'il est abattu par un bûcheron dans sa maturité, cela ne change rien au destin des arbres environnants, destin que seules des circonstances fortuites et extérieures pourront interrompre.

Tout ce qui vient des hommes porte nécessairement en soi la limite et le destin des hommes. Les grandes civilisations qui ont précédé la nôtre et que la recherche historique nous fait toujours mieux connaître, ont toutes suivi le cycle spenglérien, de l'état embryonnaire à la caducité et à la mort. Les convulsions agitées et violentes qui accompagnèrent chaque mort n'en furent nullement la cause ; elles n'étaient pour les civilisations expirantes que la contre-partie des mouvements physiologiques observés dans les agonies humaines individuelles. De lui-même, l'homme ne peut rien produire qui soit au-dessus de l'homme ou qui ait des caractéristiques différentes de celles de l'homme, même dans les civilisations nées de son activité.

Il est peu de mots dont on n'abuse plus que ceux de culture et civilisation. On les restreint et les régionalise, on les adapte à toutes les courtes vues, voire à de simples objets. Cela tient évidemment au mal de notre époque, où la valeur des termes et le sens des mots abstraits sont tombés dans une confusion pénible.

Civilisation, culture, culte

Toute civilisation constitue le corps physique, l'extériorisation sensible et l'œuvre tangible d'une manifestation spirituelle ; celle-ci se nomme la culture. L'ensemble d'une ère dans la vie des hommes est à l'image des hommes : elle a une âme et un corps. Si la culture représente tout l'ensemble des mouvements et travaux de l'âme d'une grande collectivité humaine, la civilisation en représente les manifestations extérieures dans le monde physique : littérature, théologie, liturgique, philosophique et artistique, beaux-arts, théâtre, législation et jurisprudence, moralité publique, coutumes sociales, comportement civique, politique, usages de la guerre, etc.

D'âge en âge, on note une continuité de pratiques humaines : chasse, pêche, production du feu, cultivation du sol, tissage, construction d'habitations, fabrication d'armes, confection d'ustensiles domestiques, érection de palissades ou défenses ; mais tout cela n'a rien à faire avec une culture ou la civilisation qu'elle engendre ; c'est du pur fellahisme répondant aux nécessités élémentaires de l'animal humain", une activité primaire bien indépendante des soucis spirituels ou intellectuels de l'être humain. Si, de civilisation en civilisation, il y a des différences de style même dans les activités primaires du fellahisme — cette inéchangeable routine de la rusticité toujours soumise aux saisons, aux éléments, en tous temps comme en tous lieux — ces différences sont apportées uniquement par le changement d'inspiration, élément spirituel qui accompagne tout changement de culture.

Il n'y a jamais eu de civilisation sans culture. Il n'y a jamais eu de culture qui ne fût fondée sur un culte. Et, de quelque façon qu'on l'examine, il faut prendre ce mot culte dans son sens le plus métaphysique et sa portée la plus religieuse. De tout temps, comme le démontrent même les cultes les plus primitifs et les plus grossiers, l'homme a été hanté par le mystère et l'origine de la vie, cette vie qu'il avait reçue et pouvait transmettre mais qu'il ne s'était pas donnée à lui-même. L'homme a toujours été conscient qu'il ne pouvait pas créer la vie, qu'il n'en était ni l'arbitre ni le maître. Il a toujours eu la préoccupation de chercher l'origine et le pourquoi de la vie en quelque chose qui fût extérieur et supérieur à lui-même, quelque chose capable de vouloir et créer la vie ; étant seul dans la nature qui fût une personne, un être pouvant penser et dire ego, moi, il chercha toujours son origine dans un autre ego, une autre personne qui n'eût pas les limites et les faiblesses de l'homme. Depuis les temps préhistoriques, il fallait attendre jusqu'à nos jours pour voir ce spectacle d'hommes cherchant l'origine de leur ego dans quelque chose d'inférieur à eux-mêmes et tenter d'expliquer l'esprit par le jeu de la matière.

Origine toujours religieuse

L'histoire de toutes les cultures jusqu'à la nôtre n'est qu'une succession de cultes religieux différents, une longue et nostalgique recherche de la divinité qui connaît le mystère de la vie, son origine son pourquoi et son but ; c'est l'histoire d'une série, immensément variée, de façon de rendre hommage à la divinité acceptée, de communiquer avec elle, d'accomplir ce qu'on croyait être sa volonté.

Certains cultes n'ont jamais été capables de produire une culture durable ; certaines cultures n'ont jamais engendré de civilisation extensible et influençante. Mais on ne trouve pas une seule civilisation qui n'ait reposé sur le fondement d'une idée religieuse forte, saisissante, prétendant établir le rapport entre l'homme et la divinité.

A l'origine de toute grande civilisation, on trouve donc un culte religieux, manifestation extérieure de ce qui existe au tréfonds de tout être humain normal : le sens du sacré. Que ce sacré ait eu une dorme ou une autre, une personnalité unique ou plurale, cela importe peu pour ce qui est de notre temps. La constatation suffit.

Suivant l'image que les peuples se faisaient de la divinité, suivant l'essence de cette divinité, suivant les messages qu'ils prétendaient en avoir reçus, ils élaboraient un code religieux. Ce code religieux conditionnait nécessairement leur façon de se comporter, moulait leur vie intime, leur vie- familiale, leur vie sociale ; ce code religieux devenait fatalement la racine d'où devaient surgir leur liturgie, leur philosophie, leur éthique, leur législation, leurs légendes et leurs arts, leurs aspirations, leurs coutumes sociales, leurs rapports avec l'étranger. Leur culte engendrait leur culture et celle-ci se manifestait dans leur civilisation. Il fallait parvenir à notre vingtième siècle pour entendre parler, dans l'empire soviétique et dans notre Occident, d'une culture sans culte, avec la même aberration que si l'on voulait fonder un humanisme sans hommes ou un déisme sans dieu ; nous reviendrons sur ce sujet dans quelques instants.

Les grandes civilisations qui ont précédé la nôtre ont eu le destin de l'homme lui-même : naître, grandir, mûrir, vieillir et mourir. Elles étaient donc essentiellement humaines, marquées du sceau de l'homme, de ses limites, et devaient avoir, comme l'homme qui les origina, un commencement et une fin.

Mais la nôtre, cette civilisation chrétienne occidentale — que je préfère appeler la civilisation gothique — a-t-elle les mêmes caractéristiques humaines et subira-t-elle le même sort ? Est-elle marquée du sceau humain, a-t-elle une origine humaine et des limites humaines ?

En d'autres termes, l'idée religieuse chrétienne qui forme le fond de toute la culture occidentale et sa civilisation porte-t-elle en elle-même les germes de sa propre destruction ? Et a-t-on raison de répéter, en tant de milieux, que l'on assiste à l'agonie naturelle d'une civilisation ; que, comme les cultes qui l'ont précédé, " *le christianisme a fait son temps* " ? Des questions d'une aussi colossale portée, connexes à la question posée par le Comité Montréalais de Recherches Sociales, exigent des réponses.

Phases " pré-mortelle " et " post-chrétienne "

Les grandes civilisations passées ont disparu lorsque la substance religieuse qui avait servi de germe à leur culture eût été épuisée. Les guerres, avec leurs migrations et infiltrations, leurs destructions et changements territoriaux, n'ont jamais fait tomber une civilisation. C'est toujours l'esprit qui a conduit l'homme et jamais un glaive n'a pu décapiter une idée. Quand une civilisation mourut, ce fut toujours de sa propre insuffisance, après avoir exploité toutes les possibilités de sa culture ; après que l'idée religieuse originelle, qui lui servait d'étincelle vitale eût dévoré toutes ses fibres dogmatiques, et fût devenue incapable d'offrir une espérance nouvelle ou plus complète aux masses humaines toujours angoissées par le problème de la vie et de la mort. Et comme il n'y a pas de *vacuum* dans le " monde spirituel " de l'homme, pas plus que dans son monde physique, une idée religieuse nouvelle a toujours surgi pour remplacer celle qui disparaissait, exactement comme une autorité sociale ou politique surgit automatiquement pour remplacer celle qui tombe. C'est ainsi que l'idée chrétienne, porteuse d'un suprême message de pacification intérieure et d'espérance nouvelle, se glissa dans les masses au fur et à mesure que l'idée olympienne, vidée, inerte et desséchée, s'effritait dans le cœur de foules désenchantées. Le glaive et la torture, que l'on voulut substituer à la sève spirituelle disparue pour soutenir l'idée olympienne, ne purent ranimer cette dernière ni affaiblir la nouvelle. Les césars romains de la décadence offrent aux césars de notre époque la plus saisissante démonstration qu'une idée, et surtout une idée religieuse, ne peut succomber sous les coups de la violence physique. Seule une idée supérieure en qualité peut la tuer.

Pour que l'on parle de la " *faillite du christianisme* " dans le monde, il faut nécessairement supposer que l'idée chrétienne, parvenue à sa caducité, a été vidée de sa substance, que sa dogmatique a depuis longtemps dépassé sa limite optima, qu'elle ne peut plus absorber la nourriture qui, dans le passé, a fait les conditions de son énergie et sa vitalité.

Les deux plus brillants — ou plus réputés — historiens de notre époque ont chacun donné leur version. Oswald Spengler, taxé de pessimisme, a conclu que nous sommes rendus au déclin, au stage pré-mortel de notre civilisation. Même s'il eût cru le contraire, en raison de la foi chrétienne, il se devait d'être logique avec sa loi du destin ; de plus, pour répondre aux exigences de l'académisme moderne, qui cherche l'évidence matérielle plutôt que la Vérité, il se devait de paraître plutôt "objectif", "impartial", "dépersonnalisé" enfin, pour respecter les tabous du même académisme, il devait se contenter d'apprécier les faits en surface, les attribuer à la masse même où ces faits se produisaient et ignorer les possibilités d'influences extérieures ou parasitaires. Arnold Toynbee, catalogué dans l'optimisme historique et dont la propagande va nous parler de plus en plus, va beaucoup plus vite et plus loin que son confrère allemand. Par un tour de force vraiment sensationnel, il "démontre" que, depuis deux siècles (la Révolution Française), l'ère chrétienne a pris fin et que nous sommes entrés dans une ère nouvelle ; c'est dommage qu'il ne propose pas une revision du calendrier à la jacobine et ne nous demande pas de remplacer en même temps les termes "*Anno Domini*" par "*Anno synagogæ*" ! L'optimiste Toynbee nous annonce, comme unique condition du salut universel, la nécessité d'un super-gouvernement mondial, dont les propagandistes sionistes, maçonniques et marxistes ont parlé bien avant lui. Aussi ne s'est-on pas étonné de voir la Fondation Rockefeller, si férue d'une religion et d'un gouvernement universels pour l'humanité, s'empresser de financer la publication de l'optimisme" de Toynbee ; de même que cette Fondation avait cru devoir financer la classification des papiers de notre défunt W.L. Mackenzie-King, qui préconisait l'élaboration d'une religion "scientifique" nouvelle pour unifier le genre humain.

La racine et le tronc d'arbre

Pour savoir si Spengler ou Toynbee ont eu raison, il faut se demander si vraiment le christianisme a épuisé sa substance intérieure, si sa dogmatique a cessé d'être jeune et expansive, si ses postulats moraux ont dégénéré, si son idée fondamentale a stérilisé ses possibilités de prosélytisme, d'acceptation joyeuse du renoncement, de la persécution et du martyre, si une idée religieuse plus forte a surgi pour lui disputer l'adhésion des esprits.

Lorsque l'on parle du christianisme dans l'ensemble des vingt siècles qu'il enjambe, on a surtout présente à l'esprit l'image dit catholicisme romain, qui forme la racine et le tronc de l'arbre, avec une continuité qu'il n'est pas possible dg mettre en doute. Bien des branches latérales ont tigé sur ce tronc multiséculaire, les unes tombées depuis longtemps, les autres desséchées, les autres anémiées et produisant de moins en moins de feuilles, mais le tronc primitif est toujours là, debout et vigoureux, vainqueur de toutes les tempêtes mortes de s'être trop dépensées contre lui. Sa substance intérieure est plus abondante qu'en toute époque précédente ; sa dogmatique, dont l'ensemble des gloses a à peine effleuré la surface, est plus luxuriante que jamais auparavant ; sa morale est restée constante dans son incitation à l'héroïsme et l'abnégation personnelle ; son prosélytisme est plus que jamais accentué par la tribulation ; son acceptation de la torture et du martyre est plus enthousiaste qu'aux jours de ses débuts ; l'idée qui lui dispute l'adhésion des hommes n'est pas même une idée religieuse plus forte, c'est tout au contraire une négation totale et sans équivoque de toute religion, de toute spiritualité, de toute divinité, avec le désordre moral et social qui en découle.

Procédant contre le christianisme avec une haine et une brutalité sauvages, le communisme, qui constitue la somme et l'aboutissement de toutes les fureurs contre-évangéliques déchaînées depuis vingt siècles, déchiquette avec un sadisme hystérique toutes les manifestations extérieures de la culture occidentale. La violence physique, la contrainte, le terrorisme forment ses seuls arguments, sa seule :contradiction.

Personnalité et dignité de l'être humain, droit naturel de choisir et de posséder, liens familiaux, sens national, auto-détermination personnelle ou collective, conscience raciale, identité sociale, égalité morale, tout cela est impitoyablement balayé avec d'autant plus de violence que le christianisme le proclame plus hautement. C'est fort conséquent avec les négations fondamentales du communisme : négations de Dieu, d'un monde spirituel, d'une âme humaine, d'un au-delà. On peut même dire que les dirigeants des pays communistes sont plus logiques avec leur néant principiel que nos gouvernants occidentaux le sont avec les principes qu'ils se sentent obligés de proclamer pour obtenir l'appui des peuples chrétiens.

Notre monde moderne se trouve donc placé devant une situation absolument inédite, sans précédent dans aucune autre civilisation passée. La situation d'une idée religieuse plus fort et plus dynamique qu'à son origine avec une culture qui dégénère rapidement, une morale qui n'animalise avec célérité et une civilisation dont de vastes portions croulent brusquement dans le gouffre d'une anticivilisation.

Influence extérieure de retardement

Puisque le christianisme n'a pas épuisé sa substance intérieure et n'a rien perdu de son dynamisme dogmatique, puisqu'une idée religieuse plus forte ne lui dispute pas l'orientation de la culture, par quel phénomène exceptionnel expliquer un pareil état de choses, le premier qu'on puisse signaler dans les annales humaines ? Et quand on pose la question, elle n'enclot pas uniquement dans ses bornes les pays sombrés dans l'abîme, mais encore tous ceux en-deçà du Rideau de Fer, nos pays d'Occident qui ont conduit le monde avec leur droit, des gens (chrétien), leur éthique internationale (chrétienne) et qui aujourd'hui, tous sans exception, même le nôtre, sont déjà assez avancés dans le stage du pré-communisme.

J'ai voué bien des années de ma vie à trouver la réponse à cette question. De réponse, je n'ai pu en trouver qu'une cule. C'est que la civilisation chrétienne, au moment même où elle atteignait son plus haut sommet dans tous les domaines, après la vie intérieure intense et la prodigieuse gestation spirituelle du moyen-âge, a, subi tout à coup un hiatus qui a freiné avec soudaineté l'élan de son ascension verticale.

Des non-chrétiens, au sein même de la société chrétienne, s'emparèrent des directions et des contrôles, soit par des agents gagnés à leurs projets, soit par la puissance matérielle directe des non-chrétiens eux-mêmes. Et l'on a vu, depuis, le non-christianisme, voire l'antichristianisme civil, présider à l'orientation des masses religieusement et éthiquement chrétiennes. Cette antinomie, cette opposition de deux polarités différentes, est l'unique explication de ce qui se passe de nos jours : une société tourmentée, angoissée dans le conflit spirituel de son âme, dirigée qu'elle est en même temps par les postulats antichrétiens de ses maîtres extérieurs et les vérités chrétiennes de ses croyances intimes. Ces pauvres masses humaines, il ne faut pas leur lancer la pierre puisqu'elles ne sont que de tristes victimes comme était la faible et trop aimante Madeleine. L'ennemi antichrétien, s'il faut le craindre et s'en défendre, n'est pas encore le vrai coupable, puisqu'il poursuit la route dans laquelle il s'est engagé, par aveuglement ou autre cause. La grande coupable, la prostituée, n'est-ce donc pas l'" élite " chrétienne du dix-huitième siècle, noblesse en tête, qui, pour de l'argent ou de l'ambition a offert le viol empressé de son âme au rationalisme que lui présentait le vieil écho antichrétien des flancs du Golgotha ? Et l'élite " du même argent, de la même ambition, qui lui a succédé jusqu'à ce jour ?

On peut vraiment dire que la civilisation chrétienne a été soudainement mise en arrêt par des agents extérieurs, étrangers à son propre corps, des agents parasitaires et paralysants. Rien de sa puissance n'a été perdu dans la contrainte physique faite à son élan et soi ; expansion ; au contraire, la compression qu'on lui fait subir lui confère une force explosive qui se manifestera, à un certain moment, avec un dynamisme difficile à imaginer.

La marche de notre culture occidentale a été, dans le monde moderne, désorientée par l'effet d'un parasite extérieur et étranger à la culture ; le résultat en a été, non pas de dégénérescence par sénilité, mais un résultat de distortion, de défiguration, de retardement temporaires.

Dans tout conflit où les masses humaines sont l'enjeu, quels que soient les aléas des grands chocs physiques, c'est toujours l'idée la plus forte, la plus juste, qui l'emporte. La vie des peuples, comme la vie des hommes, est affirmative ; un code de n'égalions ne pourra jamais la subjuguer, surtout le code qui veut forcer l'homme à croire qu'il n'a pas d'âme et n'a pas d'autre statut que celui de l'animal. La violence physique pourra user sa fureur, mais l'idée forte n'en sera toujours que plus forte. Et l'idée forte sera toujours l'idée d'Amour, essentiellement créative.

La lutte ouverte entreprise il y a deux siècles par les forces de la haine contre la civilisation d'Amour a maintenant atteint des proportions globales, une dimension œcuménique, et rien ne peut plus empêcher sa phase suprême, et décisive. Aussi perçoit-on de tous les coins du monde une angoisse lourde et accablante comme une agonie morale, en même temps qu'une agitation et des bruits de panique dans certains quartiers déterminés. Si l'Amour souffre l'angoisse, c'est toujours la haine qui subit la panique et tente de la propager ; car l'Amour croit et espère, tandis que la haine est négative et sombre dans le désespoir. Des exemples saisissants en ont été donnés tout le long de ces deux siècles de lutte ouverte.

Notre monde contemporain est réglé, avant tout, par la réclame et la publicité, les stages les plus bas de l'influence sur l'esprit avant que n'arrive le stage du terrorisme commandant à l'instinct animal de survivance. Avant la deuxième guerre mondiale, on pouvait encore parler du mot plus noble de propagande ; avant la première guerre mondiale, il était encore possible de parler d'opinion publique. Aujourd'hui, la fabrication de l'opinion constitue une industrie de gigantesque envergure. Cette industrie gravite autour de l'axiome lancé il y a à peine cinquante ans : " *Un mensonge répété mille fois finit par être accepté pour une vérité* " ; et le mensonge est devenu un art d'une grande finesse et d'une grande souplesse, débarrassé de la brutalité grossière d'autrefois, agrémenté par toutes les séductions dont peuvent le parer les nombreux moyens de présentation modernes. Tous les grands moyens de présentation sont reliés ensemble, de façon directe ou indirecte, constituant un vaste réseau qui fait le tout de la terre, de sorte qu'une campagne mondiale pour orienter les esprits dans un sens ou dans un autre est une possibilité journalière.

Les faits, les hommes

Cette fabrication massive et intensive de l'opinion a toujours pour but de voiler quelque chose : la réalité qui se cache derrière les faits. Elle écrit l'histoire en surface et ne souligne que la surface, pour faire oublier les causes réelles de ce qui arrive. C'est une vérité élémentaire que : rien de ce qui se passe dans le monde humain ne provient d'autre cause que l'action des êtres humains. Mais, dans la fabrication de l'opinion, il faut soigneusement taire cette vérité. Aussi, la grande publicité d'influence sur les cerveaux ne parle-t-elle que des faits et des choses, sans jamais parler des hommes qui en sont immédiatement la cause et encore moins des motifs qui animent ces hommes. La colossale machine de pétrissage des cerveaux va nous dire, par exemple : " *La Bourse croule* ", sans révéler qui la fait crouler et pourquoi ; " *les événements se précipitent* ", sans dire quels personnages humains agissent pour les précipiter ; " *tel pays décide telle chose* " sans dire quels personnages de la coulisse ont eu intérêt et ont influé à faire prendre cette décision ; " *le coût de la vie augmente* ", sans expliquer quelles actions humaines y contribuent ; " *la loi de l'offre et la demande provoque un affaissement* ", sans nommer les agents humains qui ont pu manœuvrer en vue d'un affaissement,

Il est une chose que l'on oublie trop souvent et qui est à la source même de tout ce qui se passe dans notre monde. C'est d'identifier les hommes avec les idées qu'ils entretiennent et les buts qu'ils poursuivent. Dans le formidable combat que l'antichristianisme livre au christianisme, il n'y a rien d'indifférent. Au temps des grandes persécutions, des grands schismes, des guerres de religion, il y avait de chaque côté de la barricade une candeur et un sens de l'honneur qui déterminaient chacun à prendre des positions franches et précises ; aujourd'hui, c,e n'est que rouerie, perfidie et hypocrisie ; les antichrétiens de Moscou se prévalent du Christ en le présentant comme un révolutionnaire et un socialiste, les plus furibonds anti-papistes torturent les encycliques pour en extraire des déformations qui puissent promouvoir leurs sophismes. Cela ne peut qu'accentuer davantage, parmi les masses ignorantes, l'affreuse confusion spirituelle de notre époque. Néanmoins, il faut identifier tout homme avec ses convictions et le but qu'il croit devoir poursuivre. C'est pourquoi, pas un seul mouvement politique, financier, économique, social, pas un seul livre, pas une seule nouvelle d'importance ne peuvent être jugés à leur véritable signification, leur portée réelle, sans savoir d'abord quel est l'état d'esprit de leurs auteurs, quel est le but qu'ils poursuivent, de quel côté de la barricade ils sont situés. C'est pourtant ce qui est le plus caché aux foules. A tel point qu'on s'aperçoit parfois seulement après vingt ou trente ans, quand le mal est fait, qu'un scribe pontifiant dans un camp n'était qu'un ennemi du camp où il s'était infiltré.

L'autorité de droit humain

Il fut un temps, dans toute l'étendue de la chrétienté, où la papauté pouvait faire ou défaire les empereurs, rois et princes, à cause de l'universelle acceptation de l' "autorité de droit divin". Le Vatican était pour l'Occident chrétien sur un plan spirituel, ce qu'est aujourd'hui l'Organisme des Nations-Unies sur un plan matériel, dans lequel les "droits de l'homme" ont supplanté les droits de Dieu, c'est à dire les droits du Christ-Roi. La Papauté était reconnue comme l'arbitre des prétentions à l'autorité légitime. Mais, depuis ces temps où les conflits sociaux, les grèves, les lockouts étaient inconnus, il a coulé bien de l'eau dans le Tibre. Et la politique a éliminé l'autorité : "de droit divin" pour y substituer une "autorité de droit humain". Aujourd'hui c'est la politique qui est l'arbitre suprême, comme on le voit en tant de pays. C'est la politique qui peut, à son gré, nier aux citoyens le droit de propriété, le droit d'adorer, le droit d'avoir un culte et des temples de leur choix, le droit paternel sur les enfants et sur leur éducation, le droit à l'initiative privée et au choix personnel, le droit au simple instinct grégaire qui attire les uns aux autres les gens d'un même rang ; en somme le droit d'être homme.

Si, autrefois, l'autorité morale du Christ dans la société chrétienne avait la voix prépondérante et préservait l'Ordre, aujourd'hui, en notre ère de désordre, c'est une autorité profane qui conduit l'Occident ; et plus elle le conduit, plus nombreux sont les pays de notre monde chrétien qui s'engouffrent dans le chaos de l'anticivilisation. Il n'est ici nullement question de nier à l'autorité civile sa totale souveraineté dans son domaine. Mais, comme chrétien, on a le droit de demander, avec tant d'autres, comment il se fait que des autorités civiles régissant des masses humaines chrétiennes, donc censées les orienter dans la voie des aspirations chrétiennes, leur imposent une direction qui conduit fatalement à la destruction de l'ordre chrétien. L'autorité civile a pour rôle d'exercer la souveraineté politique d'un groupe humain déterminé, et elle profane son rôle lorsque, dans la direction morale ou matérielle des hommes, elle contrevient aux croyances et aux aspirations spirituelles des mêmes hommes. Ce phénomène — car c'en est un—ne s'explique que par l'influence exorbitante que la franc-maçonnerie, minorité souterraine et dynamiquement agissante, exerce non seulement aux contrôles de la haute politique internationale et de la politique nationale, mais aussi aux contrôles du monde financier, économique, bureaucratique et propagandiste.

La franc-maçonnerie constitue un réseau mondial réel qui peut opérer simultanément partout à la fois. Vouloir sous-estimer sa puissance, surtout dans les hautes sphères politiques, c'est se leurrer grandement.

Mêmes données fondamentales

Le vaste réseau maçonnique est constitué par une foule de sectes variées, dont les unes semblent parfois indifférentes sinon hostiles aux autres, mais elles ont toutes des points de contact, soit par l'envoi de délégués aux assemblées annuelles, soit par le Grand Collège des Rites, soit par l'organisation maçonnique mondiale de Suisse qui sert de "*clearing house*" aux différentes obédiences, soit par la correspondance cryptologique, soit par le trait d'union des FF.˙. Visiteurs.

On note parmi les obédiences les plus importantes, la Grande Loge Unie d'Angleterre qui se proclame bel et bien "une religion" chrétienne mais qui n'explique pas d'où elle tire son autorité comme telle ni pourquoi "une religion" doit procéder secrètement et n'avoir que des adeptes privilégiés ; à tout prendre le chercheur opiniâtre finit par découvrir que cette "religion" tire sa véritable origine de la Réforme anglaise, réformé dont l'âme fut lord Russell, anglais " de sang juif ; les Russell étaient originaires de Toulouse où ils se nommaient Roussel avant leur expulsion de France, et antérieurement Rosello avant leur expulsion d'Espagne par Isabelle.

La G.L.U. d'Angleterre n'est, en somme, que la garante et la surveillante de la Réforme anglaise et sa perpétuation. On note aussi le Grand Orient de France, continuateur de la secte des Jacobins de la Révolution Française et des Illuminés de Bavière (Weisshaupt) initiateurs de la Révolution Mondiale, secte très radicale à laquelle adhèrent les Grands Orients de plusieurs autres pays, surtout latins et levantins. Puis la franc-maçonnerie du Rite Ecossais Ancien et Accepté (qui comprend le plus grand nombre d'adeptes dans le monde,. surtout aux Etats-Unis : 5½ millions) : ce sont deux Juifs qui ont implanté le Rite Ecossais à New Amsterdam (aujourd'hui New York) et à Charleston en Virginie, On note encore la Grande Loge de France, avec de nombreuses affiliations dans d'autres pays, continuatrice des Girondins, moins radicale que le Grand Orient mais identique dans ses buts ; puis les rites juif de Misraïm et exclusivement juif des B'nai B'rith ; puis le rite mixte du Droit Humain (homme et femmes), et quelques autres moins importantes par leur nombre et surtout leur influence,.

En général, d'après le parallèle politique (stricte autorité de minorité ou parlementarisme on divise les obédiences maçonniques en deux groupes : les loges latines radicales et les loges saxonnes non-radicales. Mais ce n'est là qu'une distinction de tempérament des peuples, car les données maçonniques fondamentales sont exactement les Mêmes. Toutes, sans aucune exception, s'identifient par des données générales et des buts particuliers qu'on retrouve chez chacune : anticatholicisme, libéralisme et "droits de l'homme", libre-examen (sauf en ce qui concerne l'autorité maçonnique), fraternité humaine dans une république universelle qui aura avalé toutes les souverainetés nationales, désarmement obligatoire de tous les peuples afin d'assurer la survie de la république universelle, tension constante vers un déisme humaniste traditionaliste, laïcisme totalitaire et universel.

L'origine et l'histoire de la franc-maçonnerie sont voilées avec un soin aussi méticuleux que son action. Ce qu'il faut en lire, comme interminable charabias de mille sources variées, pour finalement trouver la continuité d'inspiration et de direction depuis le berceau de la maçonnerie jusqu'à nos jours ! Il est compréhensible que l'histoire de la Maçonnerie soit voilée à ses adeptes dans les mêmes brumes que... son but final, car autrement 95 pour cent de ses membres en sortiraient avec épouvante et indignation.

L'élu et les goyim

Tous les historiens maçonniques reportent les origines de la secte à des temps immémoriaux, faisant tirer son entière synthèse des antiques " *mystères* " de Chaldée, Egypte, Babylone, etc. En un sens, ils ont raison. Car c'est dans ces différents paganismes que fut puisée la substance maçonnique. Par la race juive, porteuse de la vraie Révélation d'alors.

Déjà, au temps du Christ, le Talmudisme avait élaboré son ésotérisme et était devenu pour certaines sectes juives, l'interprétation et l'orientation principale, surtout la secte des pharisiens, porteuse de sa tradition orale. Corruption, paganisation et matérialisation de la Torah ou Révélation biblique, le Talmud était déjà entaché des superstitions ramassées dans l'exil ; il fut cause des terribles défigurations matérialistes qui suivirent le retour à Jérusalem et de tous les troubles qui s'ensuivirent. C'est une erreur grossière de croire que le Talmud ne prit naissance qu'après la destruction de Jérusalem. Il existait depuis déjà longtemps.

Le Talmud, transposition de la Torah sur un plan matériel, a parmi toutes les idéologies religieuses connues, une particularité unique, impossible à trouver ailleurs. C'est celle d'une possibilité de paradis sur cette terre pour un seul et unique peuple, seul élu, seul aimé, seul chéri de Dieu, seule humanité que tous les autres peuples, les Gentils ou goyim, simples animaux, semence de bétail, sont appelés à servir, enrichir et rendre heureux. Le contexte même des éditions les plus modernes du Talmud en langues vulgaires l'atteste aussi fortement que les vieilles éditions du moyen-âge. D'ailleurs, des Juifs de bonne foi que j'ai rencontrés avec des amis, dans le but de parvenir à des formules d'entente, l'ont admis avec une candeur surprenante. Refusant obstinément de reconnaître la validité de la Nouvelle Alliance, ils s'en tiennent strictement aux termes de l'Ancienne qui, disaient-ils, comporte une seule et unique élection : celle des Juifs, " appelés à se multiplier comme les sables du désert, à régner sur tous les peuples, à voir les races des Gentils devenir les servantes d'Israël ". Et cette élection, soulignaient-ils avec ostentation, est une affaire purement raciale ou raciste ; seuls ceux qui descendent d'Abraham en sont les héritiers.

Changement de vision

Je me souviens encore d'un débat proposé, au camp de concentration de Petawawa, par quelques Juifs qui s'y trouvaient temporairement comme agents communistes (et libérés de Hull après l'entrée en guerre de la Russie Soviétique). Ils proposèrent ce thème comme sujet du débat : " *Les Gentils, surtout les chrétiens,. doivent changer leur vision, et leur attitude vis-à-vis des Juifs* " thème qu'ils développèrent avec chaleur et habileté. Il leur fut répondu par le développement du thème contraire : " Les Juifs doivent changer leur vision et leur attitude vis-à-vis des chrétiens ", ne pas vouloir plus que leur part légitime dans la société qui les accepte, ne pas vouloir contrôler la vie financière et économique des autres peuples, cesser de vouloir changer l'ordre des choses et régenter même l'esprit des autres peuples, s'assimiler aux peuples des pays qu'ils habitent et se fondre en eux comme le font, à la longue, tous les autres. La riposte fut spontanée et très nette : les Juifs ont une élection qui englobe toute la terre et doit durer toujours, ils sont donc partout chez eux ; s'ils s'assimilent, ils cessent d'être Juifs et, en conséquence, perdent leur élection en même temps que les promesses de domination qui s'y rattachent ; il appartient donc aux Gentils, et non pas aux Juifs, de changer leur vision et leur attitude. En la même occasion, il nous fut soumis, comme preuve de la justesse de l'attitude juive et de la faveur divine qui la consacre que, malgré toute l'opposition historique des Gentils, la juiverie progresse de toutes façons et dans tous les domaines, rapidement, universellement, constamment ; tandis que la chrétienté, parallèlement, perd de la vigueur et de l'emprise.

Je m'excuse de cette digression dont vous comprendrez mieux l'utilité tout à l'heure. Car je prétends, avec plusieurs spécialistes beaucoup plus compétents que moi, que tout ce qui est contenu dans les conclusions ultimes de la franc-maçonnerie, du communisme et autres mouvements analogues dont les Juifs se retrouvent toujours à la source, est du pur talmudisme ; c'est à dire de l'enseignement destiné à convaincre les Gentils qu'ils n'ont ni âme humaine, ni besoin de divinité, qu'ils sont vraiment du bétail sans droit supérieur à celui des animaux, et doivent se laisser conduire en conséquence ; et que la franc-maçonnerie, qui joue par ses adeptes un si grand rôle dans la direction politique des masses chrétiennes, tire toute son idéologie de sources talmudiques.

Reflux des Croisades

C'est directement de Palestine que nous vint la Franc-maçonnerie, comme reflux de la première Croisade. Les Templiers en revinrent tout imprégnés du talmudisme qu'on retrouve aujourd'hui dans la maçonnerie et le communisme. Ces Chevaliers du Temple, répandus dans toute l'Europe, devinrent rapidement les arbitres de la finance, nationale autant qu'internationale ; ils se tenaient constamment en contact avec un centre inconnu et secret de Jérusalem qui leur donnait ses directives. Durant deux siècles les Templiers agirent au même titre que la Haute Banque Internationale d'aujourd'hui, obtenant de lourdes créances sur les rois, les princes et les nobles. Leurs initiations, leurs orgies, leur matérialisme, confessés volontairement par des centaines de leurs membres et copieusement décrits par les historiens, durèrent jusqu'au jour ois Philippe le Bel de France écrasât leur organisation et Clément V, après plusieurs refus et de longues hésitations, dût les condamner devant une surabondance de preuves fournies par quelques centaines de Templiers repentants qui n'avaient même pas été mis en accusation.

L'Ordre du Temple rentra sous terre, survivant dans le plus grand secret. Lorsque parut la franc-maçonnerie, de pays en pays, aux 16e, 17e et 18e siècles, il y était surtout question (comme aujourd'hui) de Temple et Templiers. La Franc-maçonnerie, dans la totalité de ses rites et obédiences, voue presque un culte à Hiram, architecte du Temple de Jérusalem, et à son constructeur Salomon ; elle voue vengeance au Trône et à l'Autel, qu'elle tient responsables de la condamnation de Jacques de Molay, grand chef des Chevaliers du Temple ; en général, les séances des loges sont appelées "*travaux du Temple*" ; les efforts maçonniques sont appelés "*l'édification du Temple*". Son calendrier est le calendrier juif ; son rituel, ses mots de passe, la majorité de ses titres et appellations sont juifs, sa symbologie est juive du commencement à la fin.

L'unique secret

De plus, on peut dire qu'en réalité il n'y a qu'un seul secret maçonnique, secret qui est livré aux adeptes dès leur entrée sous forme symbolique mais qui forme le secret véritable et unique de la franc-maçonnerie. C'est la "*reconstruction du Temple de Salomon*", c'est à dire l'établissement de la "*nouvelle Sion*", cette résurrection de l'Ancienne Alliance défunte sur les ruines de la Nouvelle et dont on trouve le plan général dans les "*Protocoles*" sionistes si discutés et les détails dans quelques centaines d'auteurs Juifs. Pour reconstruire le Temple de Salomon, il faut d'abord avoir la Palestine ; deux guerres mondiales l'ont donnée aux Juifs, avec le zèle empressé des Etats communistes de l'Est et des Etats maçonniques de l'Ouest ; il faut ensuite avoir la possession de Jérusalem, puis le site même de l'ancien temple, la mosquée d'Omar. Plans et maquettes du temple à reconstruire ont été faits après trente ans de recherches et de travaux, et étaient déjà exposés au kiosque de la Palestine à la Foire Internationale de New York en 1937-38. La bibliologie juive moderne ne cache pas que Jérusalem doit devenir la capitale mondiale d'un monde unifié, la capitale de la Révolution accomplie, la capitale du "nouvel ordre des siècles". A divers degrés, la franc-maçonnerie fait répéter à ses adeptes le serment cumulatif d'être toujours disposés à sacrifier leur vie pour la délivrance de la Palestine et l'édification du Temple. Pour symbolique que soit ce serment, il trouve une concordance bien étrange dans le déroulement de faits toujours plus patents !

De même que le parti communiste international a une double physionomie : la section légale pour le grand public et la section illégale pour les "adeptes, sûrs", de même que le Sionisme international a aussi ses deux visages, de même la franc-maçonnerie en général a sa double physionomie : la loge ordinaire pour la masse non pensante qui y adhère dans l'unique but d'avancement et d'ambition, et l'arrière-loge pour les "vrais convaincus".

Jusqu'à la première guerre mondiale, un franc-maçon du 32e degré ne pouvait être admis au 33e qu'en remplacement d'un maçon de ce degré décédé. Aujourd'hui, on fabrique des 33e de façon plutôt massive. Seulement aux Etats-Unis, on en nomme de 150 à 175 par année, principalement parmi les hommes qui parviennent à de hauts postes dans la politique, la finance, l'économie, les forces armées ; façon de se les attacher et les empêcher de nuire aux plans de l'organisation maçonnique. Il y a pour eux des explications spéciales et un serment particulier. Cela ressemble un peu à la manie de nos universités de créer des "*docteurs*" à tout propos et pour n'importe quel prétexte du moment que le doctorisé a quelque influence ou quelque célébrité. Mais, comme il y a les vrais docteurs, il y a aussi les vrais maçons. Pour eux, le langage est différent, les serments ne sont pas les mêmes. Prenons-en un exemple dans le rite maçonnique qui tient à peu près le milieu entre le Grand-Orient radical et la franc-maçonnerie "bleue" non-radicale : le Rite Ecossais. Le général Garibaldi, célèbre par sa lutte armée contre le Pape en 1870, y fut initié au 33e degré. Dans ses papiers personnels, on trouva la formule des instructions et serment qui lui avaient été communiqués. En voici la copie, reproduite récemment, après plusieurs autres auteurs, par Warren Weston, de Londres, dans son livre "*Pathet of Lies*".

Révolution en action

" La franc-maçonnerie n'est pas autre chose que la révolution en action, une conspiration permanente contre le despotisme politique et religieux... Pas un seul degré ne révèle la vérité entière ; le Voile qui cache la Vérité aux yeux des curieux est levé par degrés.

" Pour nous, investis du suprême pouvoir, pour nous seulement, la Vérité est pleinement révélée... et nous fait savoir, voir et sentir que : l'Homme, est en même temps Dieu, Pontife et Roi de lui-même. C'est là le sublime secret, la clé de toute science ; le sommet de l'initiation.

" La Franc-maçonnerie, synthèse parfaite de tout ce qui est humain, est donc Dieu, Pontife et. Roi de l'Humanité. C'est ce qui explique son universalité, sa vitalité, sa puissance.

" Nous les Grands Chefs, formons le bataillon sacré du Sublime patriarche qui est Dieu, Pontife et Roi de la Franc-maçonnerie, voilà la triple Vérité...

" Nos instructions peuvent se résumer comme suit : faire triompher notre Vertu, notre Moralité et notre Autorité dans tout le genre humain ;

" Pour contrecarrer leur abjecte vertu, nous avons les degrés (ici suit l'énumération de 11 degrés) qui nous permettent de conduire le profane de l'ignorance de l'Apprenti à la mission du Chevalier élu (11e degré), pour la défense de la Vertu maçonnique, pour la croisade de l'homme, Dieu de lui-même.

" En opposition à leur abominable moralité, nous avons les degrés (énumération des degrés 12 à 22 inclusivement)..

Finalement, en opposition à leur criminelle autorité, nous avons les degrés (énumération des degrés 22 à 33).

" Les hommes d'église combattent notre Vertu et notre Autorité maçonnique avec leur Propriété, leur Religion et leur Loi...

" De ces trois ennemis infâmes, c'est la Religion qui doit être l'objet de nos attaques sans répit ; parce qu'aucun peuple n'a pu survivre à sa Religion, et, en la tuant, nous aurons et la Loi et la Propriété à notre merci.

" Maintenant que vous prenez place parmi les Maîtres-Chefs... nous résumerons pour vous la Grande Lumière de l'initiation suprême :

" Vous êtes votre propre Dieu, votre propre Pontife et votre propre Roi.

" Votre raison est la seule règle de Vérité, la seule clé de la science et de la politique.

" Vos appétits et vos instincts sont la seule règle du Bien, la seule clé du progrès et du bonheur.

Le *motto* sacré

"Vous devez comprendre et interpréter comme suit notre *motto* sacré : Liberté, Egalité, Fraternité.

"Liberté, l'arme toute puissante avec laquelle nous avons bouleversé le monde, veut dire : indépendance sans limite ni restriction, dénuée de toute autorité.

"Indépendance de la volonté, qui ne se soumet jamais à aucune puissante, qui ne reconnaît ni Roi, ni Pape, ni Dieu.

"Indépendance de la personnalité, qui a brisé toutes les chaînes morales. C'est avec la Liberté comme levier et les passions comme appui (*ruicrum*) que nous renverserons pour toujours les Rois et les Prêtres.

"Egalité... veut dire : division égale de la propriété, droits de l'homme à la terre commune, en tant que citoyen d'un seul et même monde, ces droits étant plus sacrés que les contrats.

"Egalisation de la richesse par un ajustement proportionné des salaires, par l'abolition complète et définitive du droit d'héritage, par expropriation de toutes les compagnies financières, par la nationalisation des canaux, transports, assurances, mines, etc.

"Egalisation des individus par la solidarité, par la jouissance égale de la production collective. C'est par l'Egalité comme levier et les appétits humains comme appui (*fulcrum*) que nous effacerons pour toujours l'aristocratie de la richesse.

"La Fraternité, promesse toute puissante par laquelle nous avons établi notre pouvoir, signifie :

"Fraternité dans la franc-Maçonnerie, afin de former un Etat dans l'Etat, avec des moyens et des fonctions indépendants de l'Etat, inconnus de l'Etat.

'Fraternité dans la franc-maçonnerie pour former un Etat contre l'Etat aussi longtemps que les armées permanentes existeront.

"C'est avec la Fraternité comme levier et les haines humaines comme appui que nous élimineront pour toujours le Parasitisme et la Répression armée...

"Répétez maintenant avec nous notre Suprême Serment :

"Je jure de n'avoir pour Patrie que la Patrie Universelle. Je jure de m'opposer fermement, partout et toujours, aux frontières des nations, aux bornes des champs, des maisons, des boutiques, et aux liens de la famille. Je jure de détruire, même au sacrifice de ma vie, les bornes que les Chrétiens humanicides ont tracées avec du sang et de la boue au nom de Dieu.

"Je jure de consacrer mon existence entière au triomphe sans fin du progrès et de l'unité universelle, et je déclare adhérer à la négation de Dieu et de l'âme humaine. "

En regard de ce texte, plusieurs questions s'imposent.

1 – Quelle différence y a-t-il entre ce suprême serment maçonnique et tous les enseignements communistes ? Aucune. C'est le même esprit, la même lettre, le même but.

2 – Pareils enseignements sont-ils le fait d'un christianisme anémié ou décadent ? Non. Tout leur contenu est extérieur au Credo chrétien et, en conséquence, tire son origine d'une source extra-chrétienne et surtout antichrétienne.

3 – Ce texte correspond-il aux aspirations de la civilisation occidentale ou à l'esprit d'aucun peuple englobé dans cette civilisation ? Non, car les traditions et aspirations de tous les peuples occidentaux condamnent sans réserve tout le contenu de ce document.

4 – Où alors trouver la justification d'un pareil code ravilissant l'homme au rang d'animal à statut de sans-Dieu, sans-âme, sans-patrie, sans-famille, sans-propriété ? Il n'y a qu'une seule source et on n'en peut trouver d'autre où que ce soit : la vision que le Talmud juif donne au goy ou Gentil.

Deux aspects fusionnés

On remarquera que, dans le document que je viens de lire, il y a deux, aspects : un aspect religieux et un aspect civil. Alors que le Christianisme a toujours scrupuleusement fait une distinction entre les deux domaines d'autorité, suivant la claire injonction :

" *Redde Cæsari...* " conclusions ultimes de la franc-maçonnerie confondent les deux domaines pour n'en faire plus qu'un seul. La franc-maçonnerie est vraiment une religion-politique ou, si on le : préfère, une politique-religion. Il en est de même pour le communisme. Il en est de même pour le Sionisme, comme le prouve la législation du nouvel Etat d'Israël. Il n'y a rien de surprenant à tout cela quand on considère que l'organisateur de ces trois mouvements, le judaïsme, est une religion-race ou une race-religion ; cela tient à sa base première, le Talmud, qui constitue une législation civile-religieuse et qui a, dans l'interprétation suprême de l'antique Révélation qui animait l'Ancienne Alliance, supplanté en autorité les termes mêmes de la Torah, texte de l'Ancien Testament.

Donner au judaïsme moderne la qualité et le prestige d'une religion, c'est dégrader le mot. Même la " *Catholic Encyclopedia* " refuse de reconnaître le judaïsme comme une religion puisqu'il n'a plus rien du mosaïsme qui était une vraie religion avec ses attributs d'une prêtrise à continuité d'onction légitime, son temple consacré, son grand'prêtre universel, son concile ou sanhédrin, ses holocaustes quotidiens, son inéchangeable rituel, ses strictes généalogies contrôlant le lévirat. Le judaïsme, dans l'opinion des plus illustres maîtres de la question, est à peine considéré comme une secte, et encore dans un sens fort péjoratif.

Le "*non-serviam*" de Lucifer en réponse à la question de Michel : "Qui est semblable à Dieu ?", la séduisante tromperie faite à Eve : "Vous deviendrez comme des dieux", sont de beaucoup dépassés. Le document maçonnique lu tout à l'heure ne se contente pas d'élever l'homme au niveau de Dieu ; il élimine Dieu prestement et substitue à Sa place l'homme autodéifié. Le grand talmudiste et franc-maçon Karl Marx, issu de quinze générations de rabbins, n'en fait pas moins dans sa laborieuse élaboration du communisme, Quant au Talmud, qui va jusqu'à dire que "*Jéhovah se tient debout par respect, quand les rabbins parlent*", ses principaux interprètes modernes nient l'identité personnelle du Messie et affirment que le Messie ne sera pas autre chose que le peuple juif pris collectivement et parvenu à la domination mondiale désirée : autre substitution de l'homme à Dieu. Mon seul regret, sur cette question, est de n'avoir pas le temps, en ces deux courtes soirées, de vous lire les énoncés doctrinaux et les commentaires judaïques de toutes sources imaginables qui confirment et expliquent mes affirmations.

Avant son stage final d'athéisme, la franc-maçonnerie connaît d'abord un stage de panthéisme dans lequel l'homme devient graduellement le centre et l'être supérieur ; les adeptes perspicaces peuvent clairement le discerner dans le symbolisme qui se précise entre les quinzième et trente-deuxième degrés. Du stage d'apprenti au quinzième degré, la loge s'en tient assez strictement au libre-examen, substitution de l'autorité de la raison humaine à l'autorité des pouvoirs délégués par le Christ. Quiconque veut respecter les lois de la logique doit admettre que, fatalement, le libre-examen conduit au panthéisme, puis à l'athéisme. La franc-maçonnerie n'y échappe pas, non plus que le Talmud avec sa kabbale, son ésotérisme toxique et son mysticisme perverti.

Le protestantisme s'est toujours bien accommodé de la judéo-maçonnerie parce qu'il trouvait, dans ses "*principes*" premiers, un semblant de justification et de soutien : notamment l'anti-romanisme et le libre-examen. Et cela, à cause de l'affinité d'origine des deux : le judaïsme.

Judaïsation par la Réforme

Des chercheurs anglais — chose curieuse, ils sont protestants — se sont dépensés pour trouver l'origine véritable des hérésies qui ont affligé l'Eglise du Christ depuis ses débuts, depuis le simonisme jusqu'à la toute récente secte des Témoins de Jéhovah, en passant par l'arianisme, le manichéisme, le nestorianisme, le catharisme des Albigeois et combien d'autres et leurs statistiques révèlent qu'au moins 95% de ces déviations proviennent directement d'une action juive. Ces auteurs présentent Calvin comme un Juif de père et mère ; quant à Luther, auteur de la grande Réforme, ils répètent à son sujet le vieil adage : *si Lyrus non lyrasset, Lutherus non saltasset*, soulignant que le Nicolas de Lyre en question était un Juif voué à la destruction du christianisme.

C'est d'abord dans l'Espagne du quinzième siècle, siège de l'empire européen d'alors, que les Juifs tentèrent d'imposer la Réforme. La piété et la vigilance d'Isabelle de Castille déjouèrent le complot. L'Inquisition qu'elle fit instituer, en se soumettant préalablement eue autorités compétentes, découvrit vite l'étendue des ravages causés par le libre examen qu'on devait retrouver un peu plus tard dans les Flandres, en Allemagne, puis en Angleterre, où les Juifs expulsés d'Espagne se réfugièrent. L'hérésie était allée si loin qu'il fallut dégommer plus de vingt-cinq évêques marranes (Juifs convertis) qui prêchaient ouvertement les erreurs talmudiques dans leurs cathédrales. On conçoit que, comme pour l'écrasement de l'Ordre des Templiers, les historiens juifs, maçonniques et réformistes défigurent et maudissent avec tant d'acharnement l'Inquisition espagnole.

Charles-Quint, Ferdinand et Philippe II d'Espagne multiplièrent leurs instances pour faire condamner la Réforme, mais les manœuvres contraires de Henri VIII et Elisabeth d'Angleterre, des princes allemands, des rois crypto-huguenots de France (François Ier et Henri IV) réussirent à faire retarder cette condamnation d'un tiers de siècle, juste le temps voulu pour assurer la consolidation de l'œuvre juive au sein de l'Europe chrétienne. Quand arriva le concile de Trente il était déjà trop tard pour réparer la formidable brèche. Dans son livre : " *L'Antisémitisme, son histoire et ses causes* ", le brillant écrivain juif Bernard Lazare, écrit avec beaucoup de raison, confirmé en cela par les faits historiques : " *C'est par la Réforme que nous avons commencé la judaïsation de la chrétienté* ".

Dans quelques-uns de ses aspects la Réforme avait une certaine justification, les aspects mineurs concernant les hommes plutôt que les aspects concernant les dogmes. Environ cent ans avant la découverte de l'Imprimerie, l'Europe avait été ravagée par la peste noire : Ce fut la plus terrible hécatombe dont l'histoire humaine fasse mention depuis le déluge. La moitié ide la population totale d'Europe en fut frappée à mort, pendant que l'Asie connaissait un nombre presque égal de victimes. Alors que les gens affolés fuyaient les mourants dans la crainte d'être contaminés, les prêtres étaient obligés d'aller prodiguer leur ministère auprès des mourants ; si l'Europe entière perdit la moitié de sa population, certains historiens fixent à quatre-vingts pour cent la perte subie par le sacerdoce européen. Il fallait remplacer rapidement les innombrables prêtres disparus pour l'administration des sacrements. On prit les plus aptes, même insuffisamment formés, avec ce résultat d'un siècle de pénurie doctrinale et de mœurs souvent discutables. Cette peste noire, dont les résultats devaient ouvrir les portes à la Réforme, fut attribuée aux Juifs.

Dans toute l'Europe, de pays en pays et de province en province, simultanément et sans que les pays voisins n'en eussent connaissance, les Juifs furent partout tenus responsables de l'épidémie. Il y eut d'innombrables procès, à peu près identiques en tous lieux, suivis d'innombrables exécutions. De l'Espagne jusqu'aux confins de la Pologne, des dizaines de mille témoins, qui ne pouvaient paisiblement être en contact les uns avec les autres, jurèrent devant les tribunaux qu'ils avaient vu des Juifs polluer les eaux des puits et des fontaines. Les historiens juifs, fort naturellement, nient toute responsabilité juive dans l'origine de la terrible épidémie et, comme toujours, accusent les chrétiens d'alors de " préjugé„ mauvaise foi, injustice, antisémitisme ". Cependant, il y a lieu de se demander si toute l'Europe du quatorzième siècle a rêvé, si des dizaines de mille témoins se sont parjurés, si les jurés et les juges de trente pays différents ont violé leur serment d'office, si les magistrats étaient tous des tortionnaires et des brutes, surtout en ce siècle de foi profonde et de charité ardente. Je ne le crois pas. La pollution des eaux pour parvenir à un but criminel de grande envergure ? Mais la Juive Anna Pauker, dictatrice communiste de Roumanie, annonçait exactement ce projet-là comme moyen de faire sombrer l'Amérique du Nord dans le communisme, suivant ses propres déclarations rapportées dans les mémoires de la princesse Ileana, il y a à peine deux ans ! Si le plan vaut pour demain, ne valait-il pas pour, hier ?

Expansion de la secte

L'affirmation publique de la franc-maçonnerie anglaise en 1717 considérée par les historiens superficiels comme un début original, n'était qu'une expression de confiance en des " temps favorables et sûrs ". La secte existait déjà depuis longtemps et n'avait rien de commun avec la Corporation des architectes, constructeurs et maçons disparue avec Père des manuscrits. La franc-maçonnerie dite " *spéculative* " ou symbolique telle qu'on la connaît aujourd'hui n'a jamais eu de rapport avec la maçonnerie professionnelle et chrétienne du moyen-âge que l'on nomme " *opérative* " ; elle en prit le titre et certains symboles, pour mieux se cacher en cas de danger, mais son esprit et son action furent toujours, depuis ses origines, aux antipodes de ceux qui avaient animé et dirigé l'honnête maçonnerie des constructeurs de cathédrales moyenâgeuses. Il existe des procès-verbaux de loges maçonniques vraiment antichrétiennes dotant d'un siècle et plus avant l'établissement de la grande loge anglaise. Ces textes sont des Pays-Bas, où s'étaient réfugiés de nombreux Juifs chassés d'Espagne en 1492. Il existe aussi des textes d'indéniable correspondance entre ces Juifs de Hollande et Oliver Cromwell, prouvant que Cromwell fut financé par les Juifs de Hollande dans sa révolution contre la Couronne, que la finance juive lui fut fournie à condition qu'il fît décapiter Charles Ier d'Angleterre et réadmit dans les Îles les Juifs chassés cinq siècles auparavant par le grand roi Edouard Ier. Encyclopédistes et historiens juifs nous apprennent que lorsque le grand roi Edouard, catholique convaincu et le plus anglais des rois anglais, signa l'ordre d'expulsion des Juifs, les conditions étaient telles que, devant les tribunaux réguliers, il fallait le serment de douze témoins chrétiens pour contrebalancer le serment d'un témoin juif, que les Juifs possédaient plus de 30 pour cent de toute propriété foncière en Angleterre, que les usuriers juifs pouvaient mobiliser en quelques heures plus d'or fin que toute l'aristocratie anglaise. Pourtant Edouard qui était très charitable, avait exempté de l'expulsion tous les Juifs qui voudraient consentir à cultiver la terre ou à exercer un honnête métier, des terres étant mises gratuitement à leur disposition pour ces fins par la Couronne. Mais pas un seul Juif ne voulut se prévaloir de ces généreuses conditions. Le Talmud, code officiel religieux-civil des Juifs depuis la destruction du Temple, ne proclame-t-il pas indigne et honteux tout métier laborieux exercé en dehors de la Palestine ?

Lorsque la franc-maçonnerie se manifesta ouvertement en Angleterre, la juiverie avait repris racine en ce pays depuis plus d'un demi-siècle, grâce à Oliver Cromwell (et malgré la loi d'Edouard Ier qui n'a jamais été révoquée jusqu'à ce jour), et — chose capitale à noter — la Bank of England, maison-mère de la Haute Banque Internationale juive d'aujourd'hui, avait été fondée, avec l'internationaliste-sioniste Rothschild comme seul propriétaire, seul capitaliste légalement autorisé à battre monnaie et imprimer des devises-papier ou bank-notes dans tout le royaume britannique. La même banque a été assez récemment étatisée par le régime socialiste Clement Attlee, mais sans résultat appréciable ni changement capital dans le jeu de la finance mondiale, l'Angleterre ayant perdu son statut de premier banquier du monde avec la deuxième grande guerre et les Rothschild ayant déplacé depuis assez longtemps leur puissance de Londres à New York.

De 1717 à 1793, la noblesse protestante anglaise et saxonne, à l'instar de la noblesse française, s'était adonnée à la franc-maçonnerie comme à un passe-temps amusant ; l peine une infime minorité connaissait l'esprit véritable et les buts de la secte. Après les horreurs de la Révolution française, que Juifs et maçons se vantèrent d'avoir réalisée, une véritable panique parcourut les hauts cercles de Prusse et d'Angleterre. Ils tentèrent, avec Frédéric-Guillaume III et George III, de réformer leurs franc-maçonneries locales, y firent entrer massivement gentilshommes et *clergymen*, comme surveillants. Mais cela ne changea en rien l'esprit véritable de la franc-maçonnerie qui, dans sein rêve de république universelle, devait quand même finir par émietter royaumes et empires saxons et les conduire à la ruine.

Bien implanté en France, le libéralisme judéo-maçonnique devait rapidement se répandre, avec ses ferments d'internationalisme, dans toute l'Europe. L'histoire spécialisée de cette époque a définitivement établi que de nombreuses victoires des armées révolutionnaires et de la Grande Armée impériale-libérale furent le fruit de trahisons et de connivences judéo-maçonniques au sein des pays attaqués.

Bonaparte et Hitler

On ne peut, devant le problème du libéralisme judéo-maçonnique, considérer la fulgurante carrière de Napoléon Bonaparte sans voir, comme son reflet en sens inverse, la non moins fulgurante carrière d'Adolf Hitler, à cent ans d'intervalle. Ces deux caporaux régnèrent avec une grandeur vraiment impériale, la plus majestueuse depuis celle de Charlemagne, sur des pays qui n'étaient logiquement pas les leurs. L'Italien Bonaparte devint sujet français par le caprice d'une annexion politique ; l'Autrichien Hitler devint sujet allemand par la faveur automatique d'un enrôlement militaire. France et Allemagne leur doivent les meilleures routes qu'elles possèdent, l'histoire de leurs plus grandes victoires et de leurs plus illustres maréchaux. L'un parvint au pouvoir par son prestige militaire, l'autre par son éloquence.

Bonaparte, empereur d'une république libérale, et Hitler, président d'un empire antilibéral, ont fait tous deux le même voyage : de l'Espagne jusqu'à Moscou, en passant par l'Egypte. Financé par les Rothschild, qui décuplèrent leur fortune naissante avec ses victoires et sa défaite, Napoléon ravagea l'Europe entière. Son but n'était pas de dominer le monde, comme le prétendait la sottise des propagandistes hostiles, mais de substituer aux vieilles constitutions chrétiennes existantes la constitution de l'"*ordre nouveau*", avec ses Droits de l'Homme et sa trilogie Liberté-Egalité-Fraternité. Naturellement, l'émancipation des Juifs allait de pair avec l'"*ordre nouveau*" qui se réstimait surtout à cela. Benjamin Disraéli laisse entendre qu'à chaque gros emprunt que Napoléon faisait pour financer une campagne, les Rothschild exigeaient la nomination d'un Juif comme maréchal de France, et Disraéli en nomme six,, indiscrétion que lui reproche encore l'Encyclopédie juive. Partout où passait Napoléon, les ghettos étaient fermés sur son ordre (celui de Rome fut rouvert après sa chute en 1815). Les loges maçonniques des pays vaincus fêtaient avec allégresse la victoire du conquérant. Les souverains des états européens encore chrétiens, alarmés, firent la Sainte-Alliance pour conjurer le péril. La propagande mondiale (même au Canada dans les journaux de langue anglaise) dépeignait Napoléon comme un antéchrist, un monstre, une bête fauve, un fou furieux, un démon déchaîné, bref les termes exacts qui devaient être accolés à Hitler un siècle plus tard. Par la supériorité numérique, la Sainte-Alliance eut raison de Bonaparte. Mais, vaincu par la force des armes, Napoléon resta vainqueur par les idées qu'il propageait car, moins de vingt ans après sa mort, le libéralisme avait complètement envahi l'Europe.

Hitler fut le produit naturel et inévitable de son époque, celle qui marqua le commencement de la Révolution Mondiale, caractérisée surtout par l'assaut du communisme international contre les pays d'Europe. Dix ans avant lui, Bruita Mussolini, ancien socialiste-marxiste, avait sauvé l'Italie presque sombrée dans le communisme, éliminé le terrorisme qui avait pris l'ascendant partout, réorganisé de fond en comble l'économie italienne et poussé ce pays à un stage d'ordre et de prospérité qu'il n'avait pas connu depuis des siècles et qu'il n'a pas connu depuis, malgré tous les efforts de notre ultra-moderne démocratie : Ce "méchant" fasciste commit l'"imprudence", non seulement de bannir le libéralisme et la franc-maçonnerie de son pays, mais encore, par le traité de Latran en 1929, de rendre au Vatican sa totale liberté, son argent et quelques-uns de ses territoires qui lui avaient été enlevés par la démocratie libérale en 1870. De plus, Mussolini, entre 1936 et 1939, eut l'impertinence de se joindre à Hitler pour aller aider à sauver ce qui restait de chrétienté en Espagne, alors que Léon Blum de France fournissait 1,200 avions et de nombreux volontaires aux communistes d'Espagne, que le Canada y envoyait la brigade communiste Mackenzie-Papineau, que. l'Angleterre y envoyait la brigade communiste Clément Attlee, que les Etats-Unis y envoyaient la brigade communiste Abraham Lincoln (dont le passage de retour fut payé par Bernard Baruch), que la Russie, le Mexique, la Tchécoslovaquie y envoyait force chats d'assauts, blindés, canons, mitrailleuses et munitions pour les forces communistes. Il n'en fallait pas plus pour que

Mussolini fût condamné par l'universalité des loges et des organisations communistes à être, tôt ou tard, renversé du pouvoir et puni.

Fanatique en sens contraire

Dans l'axe anticommuniste, Hitler fut considéré comme le chef de file parce qu'il avait à sa disposition des moyens plus puissants, une population plus grande et des ressources plus considérables. Cet homme, dont l'ascension phénoménale dans un pays qui n'était pas le sien n'a de parallèle que l'ascension de Napoléon en France était indiscutablement un mystique et un fanatique. Il fut abstème et chaste jusqu'à ce qu'il lui fut médicalement conseillé de prendre des breuvages légèrement alcoolisés et, vers la cinquantaine, de se trouver une épouse. Il ne fuma jamais. Le grand économiste anglais Arthur W. Kitson ("*The Banker's Conspiracy*"), après un stage de quinze jours avec lui à Berchtesgaden, écrivait à un Canadien, entre autres choses : "J'ai vécu quinze jours dans la plus stricte intimité avec Hitler. C'est indiscutablement un génie. Nul besoin d'entrer dans les détails ; énumérer les grandes lignes est suffisant avec lui. Il y a une chose que je n'aime pas chez cet homme : trop de madones et de crucifix dans ses appartements privés, ça sent le papisme ". Kurt Wilhelm Ludecke, un intime du cénacle hitlérien de la première heure, déclarait à Montréal en 1932, avant même que Hitler fût au pouvoir : "J'ai été dans son intimité et j'ai entendu ses confidences. Je peux parler bien à l'aise car je suis incroyant. Hitler a une marotte comme tous les grands hommes. Sa marotte, c'est la Vierge Marie. Il prétend même que c'est elle qui l'a sauvé lorsqu'il fut blessé dans les tranchées lors de la guerre, qu'il l'a vue, qu'elle lui a dit qu'il avait la mission de sauver l'Europe. Il faut lui pardonner cette faiblesse, car si ce n'était pas celle-là, ce serait peut-être une faiblesse d'un genre plus grave ". En 1936 et 1939, de retour de visites auprès de Hitler, Winston Churchill ne tarissait pas d'éloges sur les prodigieux talents de reconstructeur de Hitler, "sa compétence, son sourire désarmant, sa puissante personnalité, son étrange magnétisme ", allant jusqu'à dire : " Si jamais l'Angleterre était vaincue et tombait aussi bas que l'Allemagne est tombée, je souhaiterais que la Providence lui donne un Hitler anglais pour la relever aussi rapidement " ("*Step by Step*" 1939). En septembre et octobre 1936, les journaux anglais reproduisaient des éloges encore plus grands de Lloyd George sur l'"*admirable*" personnalité de Hitler et l'œuvre qu'il avait accomplie, ce qui lui valut les foudres des journaux juifs, maçonniques et communistes du Royaume-Uni.

Hitler était vraiment un fanatique, mais un fanatique dans le sens contraire de Napoléon. Il se disait " chargé providentiel de mission ", la mission d'éliminer d'Europe le haut capitalisme juif et le marxisme juif. Il frappa avec rigueur put ce qui ressortissait du libéralisme, du socialisme, du communisme, de l'athéisme, des Témoins de Jéhovah, de la franc-maçonnerie, du sionisme. Sitôt arrivé au pouvoir, il fit signer par tous les ministres de son cabinet la fameuse déclaration de Potsdam, qui ne reconnaissait que les confessions chrétiennes comme "fondement moral et social de l'Allemagne", reléguant toutes les confessions non-chrétiennes à un status d'ordre exclusivement privé, jusqu'au point d'en, sacrifier son ami de la première heure, le maréchal Ludendorf, svotaniste par complaisance pour son épouse. Son fanatisme incita la jeunesse allemande à brûler sur les places publiques tous les livres accessibles des communistes, socialistes, libéraux, de Voltaire, Heinrich Heine, Rousseau, Condorcet, etc. ; il alla jusqu'à ouvrir un "*Musée des Horreurs*" où furent entassées les œuvres des sculpteurs, peintres et graveurs modernistes, abstractionnistes, sauvagistes, dadaïstes, cubistes, etc., pour mieux stigmatiser ce qu'il appelait les "œuvres décadentes de l'esprit juif". Une bien grande partie, de la presse mondiale en fut scandalisée. Par-dessus tout, il remilitarisa l'Allemagne avec une intensité dynamique extraordinaire surtout après le début de la guerre civile espagnole qu'il interprétait comme un signal des visées immédiates de Moscou sur l'Europe. Tous ses écrits, tous ses discours indiquaient à ne pas s'y tromper qu'il se croyait un "envoyé de Dieu" pour débarrasser le monde du judéo-communisme, l'homme prédestiné pour écraser la Russie Soviétique et le Haut Capitalisme juif international. Pour aller frapper la Russie Rouge, il lui fallait traverser l'Autriche, la Tchécoslovaquie puis la Pologne. Il joua de perfidie et de ruse avec Staline, signant avec lui un traité de non-agression qui n'équivalait qu'à une dose de chloroforme avant une opération sanglante. Neville Chamberlain était indiscutablement au courant de ce plan, de même que son ambassadeur à Washington, Lord Lothian. Ces deux Anglais moururent prématurément avant la fin de la "drôle de guerre" cette guerre au cours de laquelle les belligérants ne se frappaient pas, chose qui énervait au plus haut point la Juiverie internationale et son pantin 33e degré maçon F. D. Roosevelt, dont les ancêtres juifs se nommaient Rossocampo (*champ rouge*) quand ils furent chassés d'Espagne par l'Inquisition, puis Rosenfeld (*champ rouge*) durant leur stage en Hollande, puis Roosenvelt et finalement Roosevelt après leur émigration en Amérique (cf. : Carnegie Institute, Washington, D. C.). La célèbre affaire de Tyler Kent, commis aux chiffres à l'ambassade américaine de Londres, a démontré comment le haut gradé maçon Winston Churchill et le président Roosevelt, durant cette période de "curieuse de guerre", correspondaient ensemble par câble, à l'insu de Neville Chamberlain et dans son dos, pour "devenir tous les deux les maîtres du monde" en se cachant derrière l'accusation que Hitler voulait lui-même devenir maître du monde. Cette propagande était aussi idiote que celle faite contre Napoléon un siècle plus tôt. De même que Napoléon voulait que le libéralisme devînt la formule politique universellement adoptée, de même Hitler voulait que le socialisme national, libéré de tout marxisme, tout juivisme, tout libéralisme et tout maçonnisme, fasse son tour d'Europe. Car Hitler était avant tout l'Européen, peut-être le dernier des grands Européens modernes. Il voulait agrandir l'Europe vers les monts Oural, la protéger contre la poussée grandissante des masses asiatiques et assurer à la race blanche une prédominance prolongée dans la direction du monde.

La guerre inutile

Mussolini, Hitler, Franco, Salazar, Metaxas, momentanément Cuza de Roumanie et le prince Konoye du Japon, affirmèrent la souveraineté nationale de leurs pays d'autant plus fortement que l'internationale communiste ou maçonnique préconisait la fin des autonomies nationales. Lorsque les puissances nationalistes marchèrent vers les frontières du communisme, tout ce que notre monde connaît de gauchisme, de maçonnisme, de marxisme, d'internationalisme fut mis en branle non pas tant pour détruire les puissances nationalistes que pour sauver la Russie Soviétique et assurer sa survie. C'était ce qui importait le plus : sauver la Russie communiste, résultat d'un siècle et demi de conspiration, puis voir ensuite à l'élimination des nationalismes. On alla même plus loin. Avec Yalta et Téhéran, les puissances maçonniques de l'Occident donnèrent à Moscou les privilèges d'hégémonie politique dans les Balkans, les pays Baltes et la Chine, ce qui lui assurait, en population, la moitié du genre humain.

On admet aujourd'hui la justesse de la formule soutenue par les nationalistes du Royaume-Uni en 1939 : laisser l'Allemagne aller faire son combat à finir avec la Russie Soviétique sans intervenir d'un côté ni de l'autre, de sorte que le gagnant sortira tellement épuisé qu'il ne. pourra que chercher à s'entendre avec des empires intacts, puissants, qui n'auront subi ni perte de sang ni perte d'argent. Mais la neutralité était impossible pour tous ceux qui étaient pris dans le réseau judéo-maçonnique. Dans les " *Mémoires de James Forrestal* ", on entend Sir Neville Chamberlain dire en 1939, après avoir déclaré la guerre à l'Allemagne : " L'affaire de la Pologne n'était pas une cause de guerre ni pour la France ni pour le Royaume-Uni. Sans le harassement constant de Washington (F.D.R.), cette guerre n'aurait pas eu lieu. L'Angleterre a été forcée d'entrer dans cette guerre par Washington et par la Juiverie Mondiale. " France et Royaume-Uni, " *vainqueurs* " dans l'équipée, en ont perdu de colossales parties de leurs empires et sont tombés de plusieurs crans dans l'échelle des puissances politiques, minés tous deux par le funeste germe auquel ils se sont associés. Cette destruction des grandes puissances occidentales était d'ailleurs l'un des buts principaux de la deuxième Guerre Mondiale. Si je l'ai crié tant et plus moi-même, longtemps à l'avance dans diverses provinces canadiennes, ce n'était ni par caprice ni par vision plus claire que d'autres, mais parce que je m'étais donné la peine d'étudier assidûment les mots d'ordre et publications émanant du sionisme, du communisme et de la maçonnerie. Les événements ont donné totalement raison moins à mes paroles qu'au plan criminel que nos élites, aveuglées par les soucis de la course à l'argent, amollies par le respect humain, paralysées par la peur des coups, marinées par la fatuité du scientisme académique, orientées par le désir de paraître extérieurement " super-respectables ", s'entêtent obstinément à ne pas voir malgré toutes les évidences. Nos élites du monde occidental en regard du péril suprême qui menace la civilisation, les historiens de demain devront en dire ce que Napoléon disait de son ministre des Affaires Etrangères, Talleyrand, ce prestigieux défroqué jouisseur : " C'est de la merde dans un bas de soie ".

Parce que Hitler était vraiment Européen et comprenait très clairement la conspiration judéo-maçonnique, il s'écria, avant de disparaître de la scène politique : " Si les puissances occidentales ne veulent pas sombrer dans le bolchevisme, elles devront reprendre mon combat là où je l'abandonne et de la façon même que je l'ai conduit ".

Il fallut moins de deux ans aux chefs occidentaux pour se faire l'écho de cette parole de 1945 et de commencer à nous dire (en 1947) que le communisme est le plus grand péril de tous les temps, à rechercher l'appui des " ennemis " allemand, et japonais contre rallié " soviétique. Et cela pendant que Churchill qualifiait l'équipée de 1939-1945 du terme bien retardataire mais bien juste : " la guerre qui fut inutile ".

Vaincu par la supériorité matérielle, Napoléon resta vainqueur dans son libéralisme qui s'incrusta là où avaient passé ses armées. Vaincu par la supériorité numérique, Hitler reste vainqueur dans son idée nationaliste, qui bouillonne dans toute l'Europe, toute l'Asie, toute l'Afrique. Malheureusement, la franc-maçonnerie occidentale est si férocement hargneuse contre tout nationalisme, ses hommes d'Etats sont si petits et si préjugés, que seule la puissance communiste qui s'accommode de n'importe quelle situation, profite des explosions nationalistes asiatiques et africaines pour les encourager, les financer au besoin, les orienter et les incorporer finalement dans l'empire soviétique.

Front commun des Loges

Dans les instructions adressées à Garibaldi en même temps que son suprême serment, la Franc-maçonnerie se déclare un Etat dans l'Etat, contre l'Etat et au-dessus de l'Etat. C'est évidemment une pure identification politique, malgré les dénégations coutumières des obédiences maçonniques lorsque le reproche leur en est fait. Et c'est le jeu politique le plus antidémocratique qui soit puisque la franc-maçonnerie n'a ni mandat public ni consentement populaire pour intervenir ainsi. Cette intervention, quand on l'examine sous tous ses aspects, dépasse les bornes de la haute trahison ordinaire, car c'est plus que le pays qui la tolère qui en est victime dans ses institutions, dans sa course historique, dans les saines aspirations de son peuple, dans son âme et ses croyances, c'est l'humanité tout entière. Si la maçonnerie-religion veut supplanter les religions existantes pour ré-établir (à son insu ou non), l'Ancienne Alliance interprétée comme messianisme pour un seul peuple, la maçonnerie-politique veut abattre tous les Etats existants pour les fondre dans une république universelle à gouvernement mondial, le grand rêve du Sionisme International.

Le célèbre chef juif Benjamin Disraéli, qui devint premier ministre d'Angleterre, a écrit des lignes très révélatrices sur " *les sociétés secrètes qui forment des gouvernements provisoires* " et qui travaillent au renversement des trônes, des religions, des frontières nationales, de la famille, du droit de propriété, bref à la réalisation du serment du 33e degré tel que prêté par Garibaldi. Disraeli a aussi affirmé que " *des hommes de race juive se trouvent à la tête de chacune de ces sociétés secrètes* ", et quel but poursuivent ces " hommes de race juive " ? Disraéli répond catégoriquement : " *Ils veulent détruire cette ingrate chrétienté dont ils ne peuvent plus supporter la tyrannie* ". Jamais ces " *hommes de race juive* " que l'on trouve à la tête de " *chacune des sociétés secrètes* " n'auraient causé dans le monde les ravages que Disraéli leur attribue s'ils n'avaient trouvé, pour accomplir leur travail, des légions de chrétiens qui se sont laissé enchaîner par des serments redoutables et des promesses incroyablement téméraires exigés de maîtres qu'ils ne connaissaient même pas.

Les publications et comptes-rendus des francs-maçonneries de toutes obédiences démontrent clairement que la politique active forme un souci constant de ce que toutes ces obédiences appellent la " franc-maçonnerie universelle ". D'ailleurs, toutes se vantent d'avoir contribué à la formation de la défunte Société des Nations, puis de l'Organisation des Nations-Unies, qui sont. des corps essentiellement politiques. On peut lire dans leurs publications les efforts déployés par la franc-maçonnerie pour l'instigation d'un Parlement européen, puis d'un Parlement mondial, la subordination des souverainetés nationales, la coexistence amicale et coopérative de l'Occident avec l'Orient soviétique, la réorientation de l'économie générale (production et commerce). Cet enchaînement progressif des masses humaines se fait au cri de liberté, la persécution des droits familiaux, nationaux et religieux se fait sous un prétexte de fraternité.

C'est avec raison que toutes les obédiences parlent de LA "franc-maçonnerie universelle", car toutes font un front commun sur les grandes questions d'intérêt mondial et toutes manifestent' une solidarité cohésive. Ainsi, parce que l'Espagne franquiste a banni le Grand-Orient athée de son territoire, les loges saxonnes qui se prétendent hostiles au Grand-Orient ont toutes soutenu la mise de l'Espagne au ban de l'humanité par les Nations-Unies, avec les conséquences politiques que l'on sait : et ce sont encore les loges saxonnes, surtout américaines, qui insistent le plus pour la réadmission du Grand-Orient athée en Espagne. D'ailleurs, ne voit-on pas des délégués de la Grande Loge d'Angleterre aller porter leurs saluts fraternels aux convents annuels du Grand-Orient de France, et le Rite Écossais coopérer activement avec le Grand-Orient dans la majorité de ses campagnes et ses entreprises ?

Quel serment prédomine ?

L'action maçonnique en politique est d'une exceptionnelle gravité à cause des serments, et engagements auxquels le franc-maçon est obligé de souscrire de degré en degré, sans savoir quel sera le développement logique de l'engagement suivant. En cas de conflit entre le serment d'office et le serment maçonnique d'un homme politique ou d'un haut bureaucrate, lequel devra prévaloir ? Le serment connu de toute la nation ou le serment secret connu des seuls initiés ? La réponse a été donnée par la franc-maçonnerie elle-même quand elle a décidé, dans certaines obédiences — et tout récemment encore — de prendre les moyens voulus pour "rappeler à leur devoir maçonnique les Frères défaillants du monde parlementaire et du fonctionnarisme". C'est dire qu'une fois que le maçon de bonne foi a été enchaîné, il n'est plus libre dans sa conscience et doit obéir aveuglément à ses maîtres inconnus, même s'il croit que l'intérêt de sa patrie exige une attitude contraire. C'est le parfait reflet de la double allégeance des Sionistes, avec prédominance de l'allégeance à l'Etat juif. S'il ne plie pas aux ordres de ses dictateurs inconnus, le politicien ou fonctionnaire franc-maçon sera broyé et dépossédé par les "moyens voulus" de la secte où il était allé chercher de l'avancement, de l'entr'aide et une ascension facile payée au prix de sa liberté.

Un très grand nombre de francs-maçons — on peut dire plus de 90 pour cent — ignorent totalement dans quelle conspiration ils sont entrés, qui les conduit, à quoi on les conduit. Ils s'imaginent que la Loge est une société fraternelle de bienfaisance qui veut réellement le bonheur du genre humain, la fraternité universelle, la paix en ce monde et qui aide ses membres à parvenir plus vite à de hauts postes pour qu'ils puissent mieux promouvoir ces grandes idées. Généralement, ils meurent avant d'avoir atteint le stage d'"illumination" du général Garibaldi, en autant qu'ils auraient été trouvés aptes à s'en accommoder ; mais, ils n'en ont pas moins collaboré à l'affaiblissement du christianisme dans lequel ils étaient nés, à l'affaiblissement politique de leur patrie, voire à la compromission même de la fortune qu'ils ont pu accumuler pour leurs descendants. Le jour où les francs-maçons honnêtes et de bonne foi ouvriront les yeux et verront à quel point ils ont été trompés sur les buts réels de la secte, ils voudront faire machine arrière, mais le pourront-ils ?

Dans les "*Protocoles*" sionistes, on peut lire cette phrase : "*Lorsque la franc-maçonnerie aura terminé son œuvre, nous nous en débarrasserons*". La maçonnerie, par ses chefs juifs et par son juivisme doctrinal est la société qui a le plus décrié le contenu des "*Protocoles*", mais, aujourd'hui, elle subit la vérité des "*Protocoles*" avec autant de rigueur que d'autres institutions, dont le catholicisme romain. Les maçons si glorifiés d'avant-guerre Bénès et Masaryk ont été liquidés comme les prêtres catholiques par les judéo-communistes de leur pays et les loges ont été écrasées, Les convents maçonniques, depuis 1945, se plaignent dans leurs comptes rendus des "persécutions" anti-maçonniques dans les pays situés derrière le rideau de fer, mais les plaintes et protestations n'ont rien changé à la situation. Derrière le rideau de fer, la franc-maçonnerie n'a plus sa raison d'être, après avoir tant coopéré à faire surgir le régime final qui correspond bien au serment prêté par Garibaldi, surtout à y éliminer le "papisme" détesté qui a été frappé en même temps que la propriété et la tête des francs-maçons "bourgeois". Nos sectes maçonniques occidentales d'Europe et d'Amérique auront exactement le même sort, dans leur organisation et dans leurs membres, si le marxisme qu'ils préparent avec autant de zèle que d'ignorance arrive au pouvoir.

Avant que les francs-maçons eux-mêmes puissent se défendre contre le complot qui les menace autant qu'il menace le "papisme" qu'ils ont appris à exécrer, il leur faudra subir un incroyable décrassage. Même si tous les Juifs talmudistes étaient expulsés de la franc-maçonnerie ; la secte n'en resterait pas moins un simple outil pour la promotion du sionisme messianique international ; les idées sont implantées, la voie est tracée, l'impulsion est donnée, le but est fixé. C'est l'idéologie toute entière qui doit être abandonnée et remplacée.

Sionisme, mouvement âgé

Depuis la Révolution Française à chaque proposition anti-romaine a correspondu une proposition antinationale, de sorte qu'il n'est presque plus possible de dissocier les deux domaines, et certaines propositions purement politiques ont pris une importance aussi grande que les propositions antireligieuses et ont fait corps avec elles. Cela a provoqué, par la répétition effrénée de la propagande maçonnico-sioniste, une affreuse confusion des normes affectant le nationalisme et l'internationalisme, le civil et le religieux. Avec l'aboutissement final que, dans les pays où la Révolution est consommée, on s'aperçoit toujours trop tard que l'imposture appelée " *séparation de l'Eglise et de l'Etat* ", n'était simplement que le germe de la destruction ou l'enchaînement de l'Eglise par l'Etat par des groupes et des individus qui n'appartiennent ni au corps ni à l'âme du peuple.

La franc-maçonnerie est, dans son origine, son inspiration et sa direction, un instrument aux mains de la Juiverie mondiale. Elle s'adresse surtout aux classes supérieures, à la bourgeoisie, aux employeurs, patrons, intellectuels, bref cette faction appelée " *le Capital* " dans la division artificielle de la société. On y attire des adeptes par l'ambition, la hâte d'arriver, le désir de parvenir plus vite et plus facilement que d'autres à la prospérité matérielle, à l'avancement politique et social. Pour attirer dans le communisme les classes humbles, la faction appelée " *le Travail* ", on procède exactement de la même façon, en stimulant l'instinct spirituel le plus puissant de l'être humain : s'élever le plus vite possible et le plus haut possible, c'est-à-dire l'ambition. La chanson est aussi simple que séduisante : " Jusqu'ici vous avez eu la dictature capitaliste, qui vous a apporté guerres, misères, injustices, exploitation. Pourquoi ne pas essayer la dictature du prolétariat, la dictature de vous-mêmes ? Ce sera à votre tour d'être les maîtres, de jouir du pouvoir et ce qu'il comporte, et la situation ne pourra pas être pire qu'elle l'est aujourd'hui " : Ainsi, Capital et Travail, attelés au même chariot juif, croyant se faire la guerre mais en réalité ne faisant que s'entre-détruire sur le plan national au profit d'une constante expansion financière, économique et politique de la Juiverie Internationale, courent simultanément vers le même but final, bien défini dans le serment prêté par Garibaldi et dans le Manifeste Communiste : le renversement du Trône et de l'Autel, du sacerdoce et des hiérarchies sociales du monde chrétien, des souverainetés nationales, de la famille, du droit de propriété.

Au-dessus de la franc-maçonnerie et du communisme, il y a le Sionisme International à la fois religieux, intellectuel et national. Le Sionisme s'appuie sur la Haute Banque Juive Mondiale, ensemble des banquiers juifs internationaux.

Sionisme, communisme et franc-maçonnerie ont toujours formé le parfait triangle. Déjà au temps des Encyclopédistes, dont 99 % étaient francs-maçons, qui parlaient de citoyenneté mondiale et de république universelle, d'une nouvelle religion mondiale fondée sur la science des hommes, il était question de Sionisme. Voltaire et Diderot écrivaient à leur collègue maçon Frédéric II de Prusse, le suppliant d'intervenir auprès du sultan de Turquie pour qu'il abandonnât sa colonie de Palestine aux Juifs. C'est le même Voltaire qui écrivait : " Si le Christ a édifié son œuvre avec 12 ignorants, moi je la détruirai avec quelques esprits intelligents ", qui terminait tant de ses lettres par le mot d'ordre : " Écrasez l'infâme " (le Christ) et qui à l'heure de sa mort, désespéré de ne pas recevoir le prêtre qu'il appelait à grands cris, avala le contenu de son vase de nuit avant de rendre l'âme. La supplique voltairienne de rendre la Palestine aux Juifs a reçu sa réponse positive, il y a sept ans, des politiciens francs-maçons de l'Ouest et des chefs communistes de l'Est.

Dans leur forme moderne, le sionisme et le communisme sont issus du même berceau : " *L'Union des Juifs pour la civilisation et la science* ", fondée à Berlin en 1819 par Moses ben Mendel alias Mendelssohn, Heinrich Heine et quelques autres, tous maçons et d'esprit révolutionnaire. Enquêtée fréquemment et étroitement surveillée par la police, cette société fut dissoute en 1824 et se transforma en deux tronçons dont l'un devait devenir graduellement le corps du Sionisme messianique et l'autre le parti communiste international. Karl Marx était en contact avec les membres de l' "Union " et fut aidé par eux.

Programme à l'échelle mondiale

Tout le programme conjugué du sionisme, du marxisme et de la franc maçonnerie est exposé dans les " *Protocoles* des Sages de Sion " traduits et publiés par Serge Nilus il y a déjà cinquante ans. Tout ce qui s'est passé depuis un demi-siècle y est décrit, souvent avec beaucoup de détails. Voici les items les plus importants énumérés dans ce plan de conquête du monde :

" Contrôle de l'or, de la finance mondiale, provocation d'écroulements économiques et de paniques, encouragement à une spéculation effrénée, établissement de monopoles mondiaux, conquête du contrôle mondial de la presse et la diffusion des nouvelles ; substitution de républiques dans les états monarchistes ; promotion de politiciens tarés ou compromis à la tête des affaires, multiplication des scandales politiques afin de tuer dans les foules le respect de l'autorité ; propagation du darwinisme, du vice, de l'immoralité, de l'alcoolisme ; multiplication des théories les plus variées pour créer le doute, détruire la foi, jeter l'humanité dans la confusion ;

multiplication effrénée des spectacles, amusements, tournois, concours, afin de ne pas laisser aux foules le temps de penser et les empêcher d'avoir une vie intérieure ; voir à ce que le coût de la vie augmente à mesure que sont haussés les salaires pour que les foules travailleuses soient dans un état constant d'insécurité et de mécontentement ; dépréciation constante des monnaies nationales et du niveau de vie ; endetter et finalement ruiner les états par une course aux armements ; provocation de guerres mondiales, empêchement du retour à la paix, accentuation d'une guerre des nerfs jusqu'à ce que l'humanité, en désespoir de cause, se rende aux conditions juives ; constitution d'un gouvernement mondial qui doit se transformer en dictature mondiale sous un roi-pontife juif établissant le règne messianique d'Israël sur toutes les races et tous les peuples définitivement subjugués. On trouve dans le même livre de curieux passages concernant les emprunts internationaux, l'utilisation des germes microbiens pour créer des épidémies, voire un passage ou est prévue la possibilité d'un épisode comme celui d'Hitler et les moyens d'y parer (... "il est trop tard pour que pareil génie puisse contrecarrer nos plans... nous liguerons contre lui les pays environnants... nous lui répondrons par les canons américains, chinois, etc. "). Le livre annonce aussi que l'athéisme sera, imposé aux peuples non-juifs mais que, après une génération, le déisme judaïque leur sera imposé ".

Ce livre des " *Protocoles* " sionistes a été passionnément controversé. On n'a jamais tenté d'en nier le contenu, on a seulement essayé de le ridiculiser, depuis qu'une copie en a été cataloguée au British Museum en 1906. Les experts juifs ne se sont attaqués qu'à l'origine du livre. Ils l'ont déclaré " un faux "; parce qu'il contient quelques pages semblables à celles qu'on peut trouver dans les " *Dialogues aux enfers entre Machiavel et Montesquieu* ", par Maurice Joly. Un " *faux* " est toujours une copie d'un document authentique qui existe déjà. Il se peut qu'il en soit de même des " *Protocoles* " qui alors, reproduiraient un plan authentique. De fait, Maurice Joly était un Juif né sous le nom de Moses Joel, maçon et inféodé dans les cercles marxistes révolutionnaires ; en plus, le livre de Maurice Joly est presque une copie d'un autre, livre de dialogues publié par le Juif Jacob Vénédey, grand ami des Mendelssohn, Marx, Heine, Engels, etc., membre des cénacles sioniste, communiste et maçonnique. Si les " *Protocoles* " sont une œuvre antisémitique de mauvaise foi, comment ses détracteurs peuvent-ils logiquement lui reprocher de reproduire ce qu'ont écrit des Juifs des hauts cercles marxiste et sioniste ? Quoi qu'il en soit, ce que les " *Protocoles* " ont annoncé il y a cinquante ans s'est réalisé avec tant d'exactitude que son ou ses auteurs étaient des prophètes de génie ou d'habiles conspirateurs pourvus de tous les moyens pour exécuter leur complot. En Russie Soviétique, le seul fait de posséder une copie- des

"*Protocoles*" constitue une offense criminelle passible de la peine de mort ; dénoncer l'existence d'un complot juif dans une loge maçonnique constitue une infraction si grave contre la "*fraternité*", le "*progrès*" et la "*libre-pensée*" que son auteur peut encourir l'ultime anathème de la secte. Le même esprit maçonnico-marxiste a envahi partout la Fraternité Judéo-chrétienne, d'origine sioniste, où les doctorantins chrétiens utilisés comme paravents de respectabilité fulminent leurs excommunications personnelles contre la charité militante d'autres chrétiens qui, appuyés sur des autorités autrement chrétiennes que celle des maçons ou marxistes juifs, scellent par des tribulations nombreuses et joyeusement acceptées leur devoir vraiment chrétien de défendre les derniers bastions encore intacts ; c'en est tellement triste qu'on ne peut que prier pour le désaveuglement de ces doctrillons convertis par la Synagogue au problème d'unir l'eau avec le feu, l'ombre avec la réalité, le mensonge avec l'erreur. Pour des chrétiens authentiques, être attaqués ou diffamés par la Fraternité Judéo-chrétienne est un honneur aussi grand que de l'être par toutes les teintes de rougisme, par le sionisme, par la maçonnerie, car c'est à, l'identité des inimitiés et des hostilités que l'on reconnaît les déviations d'une même école et les oiseaux d'un même plumage.

Eliminer le Christ du globe

En Amérique du Nord, on ne fait pas de lutte réelle au communisme, aboutissement final de dix-neuf siècles d'hérésies et de trois siècles de révolutions politiques dont le but est de changer l'ordre voulu par Dieu en ce monde. Pour tout le continent, on ne saurait que reconnaître une seule exception : celle du gouvernement de Québec qui confisque toute littérature communiste du seul fait qu'elle est communiste et ferme au cadenas les salles de réunions communistes. Partout, ailleurs, c'est la tolérance bénévole de la propagande communiste au nom de la "*liberté de parole*". Aux Etats-Unis, les campagnes et enquêtes du sénateur McCarthy visent uniquement à éliminer des services publics américains ceux qui peuvent être des agents d'une puissance étrangère, nommément la Russie, soit par participation aux agences politiques et militaires du gouvernement russe, soit par participation à l'Internationale Communiste que le même gouvernement contrôle. Ceux que les lois punissent sont uniquement ceux qui prêchent le renversement du gouvernement par la force et la violence, ce qui signifie bien des choses car le gouvernement américain reconnaît, en Amérique du Sud, des régimes politiques parvenus au pouvoir par la force et la violence ; de plus, c'est exactement par ce moyen là que George Washington et ses amis ont renversé le gouvernement légitime de leur époque, moyen exalté et glorifié dans tous les manuels d'histoire américains. Quant à la réalité du communisme, sa doctrine et ses " principes " qui attaquent sans répit dans les foules l'existence de Dieu, de 1 âme humaine, de la moralité religieuse, de la souveraineté nationale, de la propriété privée, de la famille considérée comme institution, fondements de l'ordre qui nous régit, les pouvoirs publics ne s'en soucient nullement ; ils laissent prêcher ces négations perverses, laissent ces poisons circuler dans l'organisme national. Toujours au nom de la " *liberté de parole* " et suivant le vieil axiome libéral " *faut laisser à l'erreur la même latitude qu'à la vérité* ".

Le gouvernement fédéral canadien fait exactement la même chose. Pour lui, tenter de changer l'Ordre physique par violence est le plus grand des crimes ; mais violenter l'Ordre de l'Esprit est si peu mal qu'il faut le tolérer. Comme si les idées mauvaises, tolérées avec complaisance, ne devraient pas finir par renverser l'Ordre physique lui-même ou le conduire aux plus pénibles catastrophes, puisque l'Ordre physique dépend lui-même de l'opinion. Pareille ignorance volontaire n'équivaut-elle pas à une négation totale du spirituel, aussi bien en libéralisme qu'en communisme ? On, en voit déjà le résultat dans la foule laissée sans défense. En effet, quand on demande à des gens qui se disent anticommunistes ce qu'il faudrait' faire pour réaliser une société de justice, et de paix, considérable est le pourcentage de ceux qui donnent sans le savoir des réponses du plus pur marxisme. Où se lanceront ces foules quand des mouvements politiques leur proposeront ces réponses, surtout en temps de crise aiguë ou de panique ?

Sionisme, franc-maçonnerie, marxisme, tous trois issus de la même source et nourris de la même sève : le Talmud, sont des corps étrangers infiltrés dans la grande armature chrétienne, agissant dynamiquement et très nocivement. Dans leur essence comme dans leur esprit, ils sont à l'opposé radical de l'idée chrétienne ; ils cherchent non seulement à éliminer le nom du Christ de notre planète, à détruire Son œuvre, Son Eglise, mais encore à détruire l'Ordre voulu par Dieu en ce monde et à y substituer un " *Ordre Nouveau* " matérialiste et sans-Dieu.

Puissance de la Haute Banque

Si ces trois grands mouvements, dont le Sionisme est le chef, sont puissants et redoutables, la force sur laquelle ils s'appuient est plus redoutable encore. Cette force, de contrôle juif aussi, est la Haute Banque Juive Internationale, maîtresse de l'or, du crédit international, du jeu des devises. Elle a imposé son culte du Veau d'Or dans un monde qui devient de plus en plus un désert de foi, un désert de morale, un désert de patriotisme. Cette force agit partout, elle influe sur toutes les Bourses, elle a son mot déterminant à dire dans la fixation des prix de tous les produits, elle régit les conditions du commerce international, elle commande aux gouvernements des nations, elle organise et soutient des monopoles mondiaux. S'il faut en croire des écrivains juifs éminents, ce que l'on enseigne aujourd'hui sous le nom d'" *économie* " dans nos écoles, collèges et universités n'est qu'une gigantesque fiction fondée sur les sophismes qui servent de justification à l'internationalisme financier ; et que, de plus, ce que l'on nomme couramment la loi ou le jeu de " *l'offre et la demande* " n'est que le résultat des caprices intéressés de l'" *église du Veau d'Or* " dont seuls profitent les pontifes égoïstes au détriment des masses humaines ignoblement dépouillées. Le bétail " non-juif " dont le Talmud parle avec tant de mépris n'est-il pas fait pour être utilisé par son maître, le *peuple-élu* ? C'est la Haute Finance Juive mondiale qui, depuis la première banque Rotschild de Frankfort, a présidé à la formation de tous les trusts mondiaux de denrées alimentaires, commodités, pierres précieuses, métaux précieux, semi-précieux, métaux industriels, innovations, distribution des nouvelles, monopoles du théâtre, de la musique, du cinéma, de la télévision, etc. ; de grandes combines non-juives n'ont pu combattre avec un succès définitif dans ces domaines, du moins sur un plan mondial. Cette puissance incontestée de la Haute Banque Juive, que le " *Jewish Encyclopedia* " proclame avec orgueil, a aussi été responsable, suivant d'innombrables auteurs chrétiens et juifs, diplomates, financiers, économistes, sociologues, hommes politiques et autres, de TOUTES les révolutions du monde moderne, toutes ses guerres locales ou générales, tous ses écroulements économiques, toutes ses perturbations sociales. Je me contenterai de résumer l'action de la Haute Banque Juive Mondiale en ces quelques mots, car ce seul sujet, pour être clairement expliqué, exigerait deux soirées comme celle-ci, l'une exclusivement consacrée à lire des textes de livres et journaux juifs se vantant de la puissance du Sanhédrin mondial et expliquant par le détail ce que je viens de vous dire en résumé.

Les grandes organisations dont il a été question jusqu'ici ne sont pas les seules à pousser l'humanité vers cette funeste déviation de son but final et que l'on ne peut que nommer " *le messianisme matérialiste juif* ". Elles sont servies, dans leur action qui ne connaît ni repos ni répit, par d'innombrables mouvements dont la caractéristique générale est d'être, non pas supra-nationaux, mais pleinement internationaux.

De ces mouvements, il y en a pour tous les goûts, toutes les faiblesses, tous les penchants, toutes les " *spécialités* ", tous les intérêts, tous les " *passe-temps* " ; il y en a pour les esprits timorés, pour les tièdes, pour les neutres, pour les hésitants, pour les sceptiques, pour les emmêlés, pour les férus de sociologie, les férus de finance, les férus d'économie, les férus de science pure, les férus d'histoire, les férus de théologie, les férus de philosophie, les férus de morale, les férus de psychologie, voire les férus des beaux-arts. C'est normal, car s'il y a un " *corps mystique du Christ* ", il y a nécessairement un " *corps mystique de Satan* " si l'on veut pousser à sa conclusion logique la parole du Sauveur " *Qui n'est pas avec moi est contre moi* ". Sociétés et clubs internationaux, organismes de philanthropie ou de fraternité en rivalité avec les organismes de " *charité pour la grâce sanctifiante* ", mouvements pour un paradis sur terre en opposition au mouvement pour un paradis dans l'au-delà, mouvements d'occultisme ou de spiritisme, d'athéisme ou de libre-pensée, de théosophie ou de mysticisme, de gnosticisme ou de magie. Pour chaque thèse chrétienne connue, il y a une antithèse antichrétienne, dans tous les domaines imaginables de l'activité humaine. Ces antithèses sont richement soutenues, disséminées avec patience et opiniâtreté, revêtant l'apparence et la forme voulues pour le milieu qu'elles doivent pénétrer. Et lorsqu'on examine la race humaine dans tous ses aspects, surtout institutionnels et sociaux, on se demande quel milieu n'a pas été pénétré par le terrible virus.

La sexologie païenne

Parmi toutes ces antithèses, ces déviations ou distorsions dont pas une seule ne trouve son origine dans la doctrine chrétienne, il en est quelques-unes qui font de terribles ravages et qu'il convient de souligner particulièrement, surtout parce qu'un segment assez considérable de la chrétienté s'y laisse prendre, ou refuse de les combattre, ou ne les repousse que mollement. Ce sont, pour citer les principales, le freudisme, le darwinisme et le scientisme.

Le freudisme, ou psychanalyse, constitue la matérialisation intégrale de la psychologie telle que nous l'enseigne la scolastique. Son initiateur et prophète est le Juif Sigmund Freud[1], qui a voulu ramener à l'instinct sexuel toutes les activités conscientes ou inconscientes de l'homme. Pour Freud, ce n'est plus le cerveau ni le cœur qui sont responsables de nos pensées ou nos actes, c'est le sexe. Intelligence et sentiment sont subordonnés à une fonction animale, tête et poitrine sont soumises au ventre ! En nos temps modernes où l'Erreur est gobée d'autant plus vite qu'elle est plus grossière, il n'en fallait pas plus pour que Freud fût proclamé demi-dieu et que son sophisme fût érigé en système " scientifique ". C'est à ce système qu'il faut remonter pour trouver la principale source de paganisme, d'immoralité et de criminalité qui déferlent aujourd'hui sur notre monde. Car, avant de se répercuter jusqu'au bas de l'échelle sociale, par la voie des publications populaires, livres de vul-

---

1 – Note de Lenculus : on pourra lire avec intérêt le chapitre sur Freud dans l'ouvrage d'Emmanuel Ratier – *Mystères et secrets du B'nai B'rith* ; Je vous apporte la peste !

garisation, comiques ", etc., le freudisme avait été ingurgité par la tête même du corps social : universités, académies, moralistes, sociologues et juristes.

Ce qui distingue le plus le christianisme de toutes les théories religieuses de tous les temps, et cela d'une façon saisissante, c'est sa moralité sexuelle. De toutes les religions dont l'histoire fasse mention, aucune, dans son éthique, n'a plus exalté la virginité et n'a attaché plus de prix à la chasteté, considérée comme vertu héroïque de victoire sur soi-même et de renoncement. Jamais, en même temps, plus que l'Eglise, une institution religieuse n'a accordé un plus émouvant respect et une plus grande vénération au mariage et à l'amour des époux qu'elle compare à sa propre union avec le Christ. C'est ce qui fait, plus que toute autre chose, la différence entre la civilisation chrétienne et celle qui l'a précédée, la civilisation olympienne ou gréco-latine, porteuse des aberrations et immoralités que lui avaient léguées tous les paganismes précédents. C'est pourquoi il n'est pas possible de trouver, comme s'entêtent à le faire les historiens matérialistes, de lien éthique ou moral entre la civilisation de la Rome païenne et celle de la Rome chrétienne. Car, entre toutes les données théologo-morales de l'antiquité, de Rome autant que d'ailleurs, et le *Sermon sur la Montagne*, il y a un abîme sur lequel il n'est pas possible d'établir un pont de liaison. Ces données religieuses sont d'un,e extrême importance puisqu'elles fournissent le fondement de la moralité publique et sa législation dans chaque civilisation.

Aux deux époques les plus avancées de la civilisation olympienne, les époques classiques d'Athènes et de Rome, florissait une moralité que le christianisme ne saurait qualifier que de dépravation. Le grand " sage " Solon n'érigea-t-il pas la prostitution à la hauteur d'un culte religieux et d'un service gouvernemental ? A même les fonds publics, il construisit les *dictéria*, temples de prostitution, et acheta des filles esclaves (*dictériades*) qui, devenues fonctionnaires d'Etat, devaient satisfaire aux caprices de tout venant. Et tout cela en l'honneur de la " divinité " ! Il fit de l'adultère un service public et une source de revenus. Il encouragea les orgies bacchanaliennes, reflux de la Babylone ultra-méditerranéenne où, au moins une fois l'an, toute femme du pays devait se prostituer au premier venu. C'est dans la même Babylone que se pervertirent les porteurs du mosaïsme, que naquit le Talmud avec sa kabbale, ses sortilèges, sa nécromancie, ses évocations démoniaques, son pré-manichéisme, ancrés si profondément chez les élites juives que le Sauveur des hommes, lorsqu'il dut les apprécier et les juger pour toujours (pharisiens, sadducéens, scribes, etc.), proféra contre eux des termes si violents et si durs que personne encore n'a osé qualifier ainsi des êtres humains.

Au-dessus des *dictériades*, simples fonctionnaires-esclaves, la civilisation olympienne produisit les *aulétrides*, joueuses de flûte, et nudistes dont la perversion, dont les danses d'une indescriptible immoralité (revenues timidement aujourd'hui sous le nom de " *striptease* " ou " *spécialité de spectacle de nuit* ")., feraient fortune en nos temps modernes sans nécessité d'être sous les auspices de *Vénus Péribasia* ; non plus que les horreurs perpétrées sous le patronage d'Isis en Egypte ou de *Vénus Mylitta* en Assyrie et dont Hérodote, s'il vivait encore, trouverait autant de reflets en notre Occident contemporain qu'il en avait trouvés dans le monde gréco-latin.

Au-dessus des *aulétrides*, il y avait les hétaïres, ces prostituées de luxe qui se piquaient d'intellectualisme, servaient de propagandistes aux écrivains et artistes illustres, roulaient chariot sculpté et trônaient dans les portiques et les académies. Les grands " sages " avaient chacun la sienne ou se partageaient la même à trois ou quatre, tels Platon, Socrate, Aristote, Alcibiade, Périclès, Thémistocle, le tyran dégénéré Pythagore, les grands tragédiens, acteurs-sculpteurs et chefs politiques. Lorsque Aristophane écrivit " *Les Nuages* ", ce fut comme pamphlet pour provoquer le procès et la condamnation de Socrate, parce que ce dernier n'avait pas voulu lui partager, comme avec tant d'autres, les faveurs de son hétaïre Aspasie ; c'est ainsi que d'une querelle pour une prostituée d'une lubricité peu commune, la légende déguisée en Histoire a fait monter l'immoral et sodomiste Socrate sur un semblant de Golgotha. Tous ces grands " sages " avaient des épouses, mais celles-ci n'étaient considérées que comme des incubatrices, des domestiques, voire d'humbles servantes pour préparer les festins offerts aux hétaïres, aux invertis et pédérastes dont les grands " sages " plaçaient les faveurs même au-dessus des complaisances féminines.

La même situation de " moralité " se retrouva, à un degré de vulgarité plus avilie, sous la grande époque classique romaine des Virgile, Tacite, Tite-Live, Pétrone, des césars Jules, Auguste, Tibère, du poète Horace qui écrivit toutes ses odes au lendemain d'orgies dans les lupanars, Cicéron, Marc-Antoine et leurs illustres contemporains. C'est pourquoi, lorsque le message de pureté et de renoncement du christianisme arriva dans la Grèce conquise et la latinité à son pinacle, ce fut dans les foules rongées par l'amertume du dégoût et de la honte comme une rosée rafraîchissante, un message de beauté, de consolation, de relèvement et d'espoir. Filles et femmes surtout, jusque-là simple bétail d'amusement, sentirent la vérité et la réalité de leur âme, la noblesse de leur nouvelle considération. Ce sont elles qui, par leur nombre et leur influence, par leur nouvel idéal et leurs sacrifices, firent sa force naissante et finalement le triomphe du christianisme. Celui-ci en retour, exalta à un degré jamais connu la beauté de la jeunesse pure, la sublime grandeur de la maternité et émancipa la femme de juste émancipation à mesure que se développa le culte marial. La dignité que la femme a conquise en Occident, c'est au christianisme, et à lui seul, qu'elle le doit.

Les pourrisseurs à l'œuvre

La Renaissance, qui tenta de ramener l'ancien paganisme olympien et sa "moralité" dans le sillage de la Réforme, ne fut vaincue que par le "vieux gagné" légué par le moyen-âge, l'ère de sainteté la plus frappante de toute l'histoide humaine. Puis devait arriver la judéo-maçonnique et libérale Révolution Française, dont le premier acte fut de placer une prostituée nue sur le maître-autel de Notre-Dame de Paris (pour y remplacer la statue de la Ma-donne renversée), à l'instar de l'antique cheftaine dictériade sur le maître-autel dans le temple lupanar de Vénus Erotique. Les influences d'une race toujours identiquement matérialiste et apostate ramenaient, au sein de la chrétienté trop tolérante, le même combat, sur un plan social et public, de l'animalité sur l'animité !

Les deux Juifs qui, au siècle dernier, dirigeaient la Haute Vente maçonnique sous les noms de Nubius et Piccolo Tigre, avaient fait circuler dans toutes les loges des instructions détaillées sur la façon de détruire la chrétienté. Ces instructions se résumaient à trois moyens principaux : "rendre les chrétiens impurs, ce qui fera qu'ils ne seront plus chrétiens", puisque c'est surtout la pureté qui doit distinguer le vrai chrétien du païen ; "corrompre la femme par tous les moyens imaginables, ce qui corrompra en même temps la chrétienté et fera tituber l'Eglise, *"intéresser le prêtre à toutes sortes d'occupations qui l'éloigneront du sanctuaire."* Nubius, dans un esprit de véritable Juif babylonien, insistait surtout sur la directive suivante : *"Voyez à ce que le chrétien prenne goût au vice, voyez à ce qu'il y revienne toujours, à ce qu'il l'absorbe par les cinq sens, à ce qu'il le respire par tous les pores de la peau ; à ce qu'il en soit saturé"*. Une littérature décadente et vicieuse, orchestrée par une main invisible et couvrant tous les pays de l'Occident, toujours plus audacieuse et prurieuse, soutenue par le théâtre puis le cinéma juifs, par une orientation progressive du vêtement vers le nudisme, déferla peu après sur les masses chrétiennes ; en même temps l'amusement public des endroits contrôlés par les fidèles ou les copistes de l'idée talmudico-babylonienne prit l'allure des divertissements et rites vénusiens des vieilles époques païennes. Malgré tout ce que nous pouvons condamner dans la province de Québec, sur ce sujet de haute importance pour la survie de notre culture, notre petite patrie apparaît encore comme un cloître en comparaison de la dégénérescence morale constatée en certains autres pays. C'est dire à quel point le néo-paganisme voulu et planifié par l'ennemi anti-chrétien a fait son œuvre.

L'être humain, par les penchants et concupiscences consécutifs à la chute originelle était déjà accablé, incapable de se relever par lui-même. Mais à ces penchants naturels si puissants, quoiqu'ils fussent de nature intime et personnelle, une conspiration hardie a ajouté l'incitation publique, sociale, institutionnelle, massive, et universelle pour contrebalancer les effets publics et institutionnels de la Rédemption.

Si, au moyen-âge, les rois et princes chrétiens auraient pendu haut et court, sans aucune hésitation, les pourrisseurs de leurs peuples, les chefs d'Etat modernes, surtout parce qu'ils sont francs-maçons, parfois Juifs ou marxistes, et qu'ils sont soumis aux ordres de pourrissage de leurs maîtres inconnus, ont toléré au nom de la "liberté de parole" l'océan de boue dans lequel leurs maîtres ont voulu submerger leurs peuples-victimes. Si, à Fatima, la Vierge éplorée a fait voir à ses jeunes protégés une vision de l'enfer dans lequel les âmes perdues tombaient plus drûment qu'en la pluie la plus torrentielle qu'ils eussent jamais vue, ne peut-on conclure que ces chefs d'Etat au service de l'égale "*latitude pour l'erreur et le mal*", en portent leur grande responsabilité ?

A l'époque la plus décadente de l'avant-guerre, en 1937, alors que sévissait la guerre civile d'Espagne, le Juif sioniste, franc-maçon et marxiste Léon Blum était premier ministre de France. En même temps qu'il encourageait les grèves ouvrières "*sur le tas*", qui devaient se répercuter jusque sur notre continent, il faisait publier par centaines, et centaines d'éditions son fameux livre : "*Du Mariage*", édité dans presque toutes les langues. Ce livre dépassait en pourrissement tout ce que l'antiquité païenne avait pensé jamais oser le dire, tout ce que le Talmud babylonien a gardé de fange irreproduisible. Il y donnait le code de moralité sexuelle qui devra prévaloir dans la Cité Moderne. Ce Léon Blum, chassé de l'Ecole Normale de Paris pour pédérastie, cassé de son doctorat sorbonnien pour plagiat constaté après coup, avait pour mentor et chef de cabinet le mystérieux Juif Georges Boris, qui semble préparer la venue d'un autre Juif aussi théâtral, Pierre Mendès-France, comme chef politique de notre ancienne mère-patrie. Le livre de Blum est une apologie passionnée de l'adultère ; il recommande que la jeune mariée ait eu plusieurs amants ; il demande que l'écolière, dès sa puberté, "*rejette de bonne heure et gaiement la virginité*" et soit initiée aux secrets de la lubricité par un noceur parvenu à la cinquantaine ; que, entre l'âge de fillette et de jeune fille, l'occidentale fasse un fréquent noviciat de la couche nuptiale, "*revenant de chez son amant avec autant d'aisance qu'elle revient de prendre le thé*" ; il exalte et glorifie l'inceste, qu'il trouve naturel et non-repoussant, précisant : "*Je trouve tout à fait normal qu'un jeune frère aime d'amour sa jeune sœur.*" Pourtant, à cette époque, bien des notables de nos élites chrétiennes allaient baiser les pieds de ce charognard, ce sépulcre ambulant rempli de pourriture, parce qu'il était, dit-on, " *le chef officiel de la France* ". Saint Ambroise, médusant empereur d'Occident au parvis de sa cathédrale, parce qu'il trouvait indigne qu'un pareil scandaleux en franchisse le portail, avait une autre conception — la même que saint Jean Baptiste — de la moralité publique ! On nous dit aujourd'hui, sur un ton de suffisance victorieuse, que ces temps sont devenus légendaires et désuets, comme si le mal pouvait s'améliorer avec l'âge et la vertu perdre sa, valeur par vétusté.

Tout ce que le charognard juif Léon Blum a déversé dans le cœur et les sens des jeunes chrétiens de sa génération, par millions de copies de son livre, toujours en vente, était en parfait rapport avec l'école de Sigmund Freud, son congénère sioniste. Le freudisme est devenu, par l'imposture de sa psychanalyse, le " *confessionnal du matérialisme* ". C'est à ses adeptes que les âmes incroyantes, sentant le besoin d'un dégagement, vont vider leur conscience. Curieux adeptes ! En effet l'ambassadrice américaine Clare Boothe Luce, avant sa conversion au catholicisme, était allée consulter un psychanalyste après l'autre ; et, dit-elle dans ses mémoires sur sa conversion, chacun de ces psychanalystes réputés, après avoir entendu ses problèmes intimes, avait voulu " *rétablir son équilibre psychique* " avec une proposition d'adultère au profit, naturellement, du psychanalyste !

Une logique implacable

Le freudisme, théorie non-prouvée que presque toutes les universités du monde ont gobée et érigée en science académique afin d'émarger aux budgets nourrissants des plantureuses Fondations matérialistes américaines, ramène à une origine sexuelle toute manifestation humaine. Il a, à cette fin, imaginé un lexique impressionnant. Celui qui veut rester chaste devient victime de refoulement, frustration, complexe, inhibition, sublimé, etc., car il violente la Nature et ses nécessités. S'il allume un incendie, commet un vol, assomme ou tue, c'est uniquement parce que ses " *fonctions naturelles refoulées* " explosent soudainement malgré lui et, dans une manifestation de désordre ou de violence dont il n'est nullement responsable, trouvent un exéat, une échappée qui doit rétablir l'équilibre normal de l'individu. Il y a quelques semaines à peine, un magistrat ontarien, à la suite d'autres juges américains, affirmait que les contempteurs des lois ne sont pas des criminels mais des refoulés, des frustrés, des névrosés. Il n'est donc pas surprenant qu'on ait entendu le matérialiste Dr Brock Chisholm, sous-mimistre fédéral de l'Hygiène, puis membre de la Commission mondiale d'hygiène aux Nations-Unies, enseigner que " la notion du bien et du mal, et les légendes chrétiennes, sont des mythes dont l'enseignement détraque le cerveau des enfants ". Ce sont donc la pureté, la chasteté, la victoire sur la tentation, qui sont un mal, un attentat contre la Nature ; et c'est la luxure, le vice, la " satisfaction des fonctions naturelles " qui sont un bien ! Exactement comme aux temps des Assyriens décadents, lorsque le prophète Isaïe écrivait de ses congénères :

"*Ils ont atteint les limites de l'abomination ce qui est bien ils le nomment le mal, ce qui est mal ils le nomment le bien*".

A en croire ces moralistes de l'immoralité, le paganisme a raison et le christianisme a tort, la responsabilité personnelle ou notion du bien et du mal n'existe pas, la vertu est un désordre et le mal est un bien, la subjugation des sens est une erreur qui détraque l'équilibre nerveux. Il faut aussi conclure logiquement que l'âme humaine et le libre arbitre, que la divinité et la révélation sont des mythes superflus ; que la Juive Kroupskaya, épouse du demi-juif Nicolas Lénine, avait raison quand elle affirmait dans son journal que même le viol, passible chez nous de la peine de mort, doit être ignoré par la loi puisqu'il n'est pas un crime mais simplement un accomplissement normal de la loi naturelle. C'est dommage que, dans nos monastères chrétiens où l'on pratique le " refoulement " la " frustration", on trouve encore plus de paix intérieure, d'équilibre nerveux, d'ordre et de sagesse qu'en tout autre endroit du monde ! Probablement parce que cet état de choses contredit factuellement l'enseignement du bestialisme s'acharne-t-on à " liquider " les monastères et leurs occupants partout où le judéo-communisme réussit à usurper le pouvoir. La conspiration démoniaque a au moins cette logique implacable — supérieure à l'indifférentisme libéral — de détruire sans hésitation tout ce qui peut prouver la fausseté de ses enseignements.

Le vice, produit de la vertu !

Plus le freudisme s'est répandu, d'abord dans la tête du corps social, puis, dans ses membres par voie d'adaptation littéraire et de vulgarisation, plus se sont répandues la dépravation de la jeunesse, la criminalité précoce, les maladies nerveuses, les maladies vénériennes, les manifestations de violence, la multiplication des hôpitaux, asiles et prisons. Les élites chrétiennes furent prises de panique et ne purent trouver qu'une solution ; faire " du bon freudisme. "

Solution aussi idiote que celle toute récente consistant à faire du " bon communisme ", en commençant par admettre l'existence d'un certain bien dans la quintessence du mal !

Docteurs, moralistes, sociologues, médecins se lancèrent furieusement dans la rédaction de manuels, traités et formulaires de " bonne sexualité ". Comme les forces du mal, ne fallait-il pas être modernes et suivre le " progrès " ? Cette littérature dévint instantanément très payante, car l'ennemi antichrétien fut le premier à la promouvoir et la répandre ; pour lui, tout ce qui importait, c'était de créer un monde nouveau sexe-conscient en permanence. Librairies et bibliothèques furent remplies de ces montagnes de livres que la jeunesse de tous les pays chrétiens dévorait avec avidité. Quel mal y avait-il à cela ? N'étaient-ce pas des livres de tel médecin catholique, de tel bon père, de tel grand savant chrétien qui, tous, avaient écrit uniquement pour le "bien" ?

Ce qui, depuis dix-neuf siècles, avait appartenu à la conscience, au confessionnal ou au bureau de consultation médicale, fut jeté en pâture à la foule des jeunes. On vit la candeur, la modestie, la pudeur disparaître cinq ans plus tôt sur les beaux visages de la jeunesse. La vie et tout ce qui s'y rapporte n'était plus un mystère, c'était maintenant une science explicable par la raison humaine et que la raison devait apprendre dès l'âge le plus tendre. Ce premier et réel mystère de la vie, n'étant plus un mystère, est-ce que les autres mystères ne devaient pas être aussi explicables ou avoir à disparaître ?

L'immense succès pécuniaire de cette littérature chrétienne de "*bonne sexualité*" dégénérera en concours, en compétition. Parmi les auteurs "*éminents*", ce fut à quel médecin exposerait un plus grand nombre de cas cliniques, à quel physiologiste décrirait le mieux les sites d'excitation organique, à quel pathologiste détaillerait le mieux l'effet psychique des manœuvres physiques, à quel docteur décrirait le plus minutieusement les mille sensitivités charnelles et leurs rapports avec l'esprit. Autant de choses que la jeunesse d'autrefois, avec un minimum d'enseignement moral, savait parfaitement et appréciait moralement par l'unique jeu de la présence ou l'absence du remords. Mais cette ancienne jeunesse encore pure, ou du moins modeste, impressionnée qu'elle était par le mystère, était bien retardataire en regard de celle qui doit être moderne et guidée par la "science", qui doit se débarrasser des termes réactionnaires gentilhomme " et " grande dame ".

Elle n'avait pas dévoré, même avant l'âge critique, à l'insu des parents, l'immense amas de prose de "*bonne sexualité*" dont se gave la jeunesse moderne qui, pour mieux exercer sa raison, va fouiller dans l'autre " littérature du même genre afin de voir la différence ! Triomphe du freudisme sur toute la ligne, victoire de Nubius et ses loges ! Par "bonne" ou mauvaise littérature, par émulation entre les deux écoles qui se ressemblent tant dans leur complaisance langoureuse à décrire les mêmes détails et les mêmes sensations, dans le solennel langage de pédants Diafoirius, le but est atteint : la sexualité est étalée au grand jour dans la Cité Moderne, érigée en science obligatoire, agissant puissamment comme soutien du divorce et du nudisme, comme oxydation des sixième et neuvième commandements, Dix-neuf siècles d'expérience de la vie et d'application de la Révélation avaient eu tort, cinquante ans de "*modernisme*" et de progrès "*scientifique*" ont remis les choses à leur place ! Histoires de possession démoniaque ? Légendes que tout cela ! La "*science*" des hommes connaît mieux : le libido est une condition purement pathologique, l'exhibitionnisme n'est qu'un effet de la frustration, l'assaut indécent n'est qu'une conséquence du refoulement, le vice n'est qu'un produit de la vertu !

Ce qu'enseignaient Freud et ses co-juifs maçons et aujourd'hui enseigné en toutes lettres par le communisme. Il faut lire ce qu'ont écrit là-dessus les chefs communistes dégoûtés du parti concernant l'incroyable corruption propagée parmi les Jeunesses Communistes, la dépravation obligatoire des filles et fillettes non seulement derrière le rideau de fer, mais même dans les écoles primaires de communes italiennes et françaises sous contrôle communiste. Comme pour Sigmund Freud, l'école marxiste enseigne que tout ce qui concerne le sexe en imagination, en désir ou en acte n'est que fonction naturelle, normale, nécessaire, à tout âge et dans n'importe quelle condition. La notion de péché doit en être complètement écartée, de même que toute idée de scrupule avant l'acceptation et tout sens de remords après la commission. Là encore, c'est la négation de l'âme humaine chez les victimes du freudisme juif ou du communisme juif ; conclusion normale puisque le non-juif, ou goy, est du bétail, un animal créé pour être conduit par le peuple-élu (*seul humain doté d'une âme*) et l'enrichir. Le goy doit décrasser son cerveau de ses "*préjugés*" chrétiens et s,e soumettre au Talmud !

Contredire la Révélation

L'évolution ou transformisme de Darwin est une autre théorie dont on a gangrené la cervelle des élites chrétiennes et qui conduit infailliblement à la même appréciation du goy tel que le Talmud babylonien le définit : un animal sans âme. Les universités de toute l'Occident font à cette idiotie l'honneur de s'en occuper pompeusement et les grandes Fondations américaines paient de fortes sommes pour sa dissémination. Darwin fut le seul personnage non-juif auquel les "*Protocoles*" ont fait la faveur d'une mention particulière, en soulignant qu'il fallait propager son enseignement, ce qui est très significatif.

On peut difficilement comprendre, en notre époque de rigorisme scientifique qui n'admet que des preuves concluantes, des faits irréfutables, un,e mathématique implacablement précise, qu'on puisse élever au rang des sciences réelles de simples théories qui ne s'appuient que sur des suppositions, comme la psychanalyse et le transformisme darwinien. Qu'il s'agisse de jongleries mentales sur l'interprétation des rêves ou de certains désordres psychiques, qu'il s'agisse d'élucubrations pompeuses sur le mystère de la vie et ses origines, on s'empresse de les ériger en divinités dans l'église du matérialisme. Sous la pression de la propagande sophistique et les grasses prébendes des Fondations milliardaires du matérialisme judéo-américain. Même que certaines institutions se prévalant de l'inébranlable scolastique ont cédé à la tentation des gratifications, avec une timide pudibonderie il est vrai, mais n'en ont pas moins semé ces germes nocifs dans les jeunes cerveaux placés sous leur protection. L'église du Veau d'Or, là encore, a amplement prouvé la justesse du principal axiome de son credo : " *Du moment qu'on y met le prix, on peut acheter des hommes et imposer des idées, avec de l'argent* ". Petite putasserie que le Seigneur pardonnera, sans doute, même si le trafic implique surtout le domaine de l'Esprit. Il y a eu de robustes et consolantes oppositions à ces foutaises du matérialisme, mais c'est plutôt leur rareté qui a été frappante.

Comme l'âme et son origine, la vie et son origine, indépendantes de la raison de l'homme, ont été, sont et resteront toujours des mystères. Lorsque l'homme aura réussi à créer tout simplement — et de rien — un brin d'herbe vivant et capable de se reproduire, alors il aura compris la vie et en sera le maître. De même pour l'âme et ses secrets. Mais jusqu'à ce que cet impossible instant n'arrive, l'homme et sa pauvre science s'empêtreront dans des labyrinthes toujours plus compliqués s'ils veulent essayer de comprendre uniquement par leur raison ce qui est la jalouse prérogative de Celui qui, seul, a pu lui dire sur cette terre : " *Je suis la Vie* " parce qu'elle n'a pu surgir sans Lui.

La théorie du transformisme a subi plusieurs mutations et changements depuis ses originateurs Lamark et Darwin, mais elle n'a pas encore pu prouver un,e seule mutation d'espèce dans la nature. Si on a constaté la disparition fortuite et la déchéance graduelle de certaines espèces vivantes, on n'a pas encore été capable de prouver un seul cas d'évolution d'une espèce en une autre de catégorie supérieure. Le modeste ver de terre ou les humbles infusoires sont restés, depuis toujours, plus constamment identiques à eux-mêmes que la théorie des transformistes.

L'unique but du transformisme est de contredire la Révélation. Celle-ci nous enseigne que le Créateur, après avoir créé TOUS les animaux marins, aériens et terriens (même les singes), couronna Son œuvre par la création particulière et intentionnée de l'homme, qu'Il fit à Son image, lui donnant une âme douée d'intelligence consciente et de libre arbitre. Cette définition de l'homme par la Révélation est la seule — d'l'exclusion de toute autre — sur laquelle peuvent s'appuyer la dignité et la fraternité des êtres humains. Mais il ne faut plus croire que l'homme est sorti directement des mains de Dieu ni qu'il ait été animé de Son souffle. On doit plutôt croire que l'homme et son frère le singe sont les rejetons d'un ancêtre commun qui n'était ni exactement un homme ni exactement un singe. Et d'où venait ce charmant grand-père, contre la parenté duquel le singe semble protester vivement quand il regarde la conduite de certains hommes ? Il remonte lui-même à une cellule primitive générée spontanément dans la boue et qui est devenue la mère de tout ce qui a eu vie depuis sur notre planète. Et cet enseignement repose uniquement sur des suppositions, des présomptions, des approximations, des spéculations. Paléontologie et ethnologie jouent avec les milliers et les centaines de siècles comme un enfant avec ses jouets ; leurs théories toujours changeantes additionnent 25.000 années ou en soustraient 40,000 à la découverte du moindre ossement. Trouve-t-on un crâne isolé quelque part, il faut immédiatement conclure à une race, une espèce, une époque, même si on est en présence de ce qui a pu être un monstre exceptionnel. Rien ne rebute les " savants' de ces " sciences ". Sont-ils plongés dans le ridicule, comme l'ancien professeur Jean Béringer, ou nos grands " *spécialistes* " modernes par la fumisterie du crâne de Piltdown, ils n'en continuent pas moins, avec un acharnement vraiment édifiant, à chercher une origine de l'homme qui soit différente de celle que nous enseigne la Révélation. De toute évidence, le Saint Esprit s'est amusé à ne révéler que des casse-têtes et des devinettes ; nos savants, eux, pourront mieux nous éclairer !

Du " *bon transformisme* "

Comme d'autres avaient imaginé, pour sauver l'ordre chrétien, de faire " *du bon communisme* " et du " *bon freudisme* ", chose décidément plus facile que de détruire l'erreur, de vaillants croisés ont imaginé de faire " *du bon transformisme* ". La formule est simple et permet d'être en bons termes avec tout le monde, de satisfaire en même temps à l'erreur autant qu'à la Vérité ! Nos universités québécoises, catholiques et protestantes, nous ont en conséquence présenté à la télévision, l'hiver dernier, d'impressionnants graphiques démontrant que le singe et l'homme descendent d'un ancêtre commun. Pour rendre nos enfants mieux réceptifs à ces savantes imaginations (car il faut que les jeunes chrétiens y croient aussi fermement que les jeunes athées de Soviétie), on leur a imposé un catéchisme supérieur nouveau, bien " moderne ", importé de Belgique, qui admet " *la lente évolution des animaux vers leur état actuel* ". Il est vrai que ce catéchisme " supérieur " parle de théories, hypothèses, etc., mais il les recouvre des termes de " *savant, science, scientifique* " : il admet " *l'homme de Néanderthal* (plus près de l'animal) " comme prédécesseur de l' " *homo sapiens* " ;

il jongle avec la préhistoire et toutes les fantaisies historiques suscitées par l'imagination. De la création directe, immédiate et intentionnée d'un premier homme, de l'extraction de la femme de cet homme, d'une défense de désobéissance faite par le Créateur, d'une déchéance originelle qui seule peut justifier une rédemption ultérieure, il n'en est plus question, ni de près ni de loin. Vraiment, c'est du progrès moderne dans la formation de la jeunesse chrétienne ! C'est " scientifique " ! Jésus-Christ, la Toute-Science, a bien parlé du " *juste Abel* ", fils du premier homme, mais le catéchisme progressiste corrige avec le Néanderthal et ses sous-produits cette triste erreur du Prédicateur de Galilée !

Les conséquences d'un transformisme qui aurait produit l'être humain sont incalculables. En admettre le point de départ, comme pour le freudisme et le marxisme, c'est aboutir aux mêmes conclusions finales, sombrer dans le matérialisme après une négation progressive de tous les éléments du spiritualisme, quelles que soient les arguties ou finasseries qu'on veuille injecter dans le débat. Rien, dans toutes les sciences positives connues, n'a encore pu contredire la Révélation ; seules les théories spéculatives faussement et follement acceptées comme certitudes, ont tenté la contradiction en produisant polémiquement un homme guère plus digne, plus libre et plus responsable que l'animal. Comment, alors, expliquer les compromissions faites à leur sujet, les concessions et capitulations ?

Saint Pie X avait déjà écrit que " *la force des méchants réside dans la lâcheté et la mollesse des bons* " mais ce n'est peut-être pas encore la réponse. En attendant de la trouver, contentons-nous de constater qu,e le transformisme a fait dans le monde d'énormes ravages et souhaitons que sa propagation dans nos cercles chrétiens n'en fasse pas autant chez nous.

Le scientisme, plus brutal que la théorie du transformisme, est moins dangereux chez nous, bien qu'il ait supplanté la Révélation dans une vaste partie du monde et soit devenu la religion du vingtième siècle dans les écoles d'outre-rideau de fer. C'est la prétention que la Science peut tout expliquer, peut fout faire,peut seule suffire à l'homme, sans besoin d'un Dieu spirituel qui, d'ailleurs, ne saurait être scientifiquement démontré.

Qu'est donc cette Science qui doit déterminer le sort de l'humanité ? C'est l'ensemble des constatations faites par l'homme dans la nature, la découverte d'une partie des lois permanentes qui la régissent, des forces qui y règnent ; à cette science de constatation que l'on peut appeler supérieure, s'ajoute celle de la technologie, qui consiste à appliquer les lois et utiliser les forces découvertes en vue de certaines fins. Aujourd'hui, science et technique progressent de pair, à la même vive allure, le développement de l'une appelant le développement de l'autre ; elles se complètent, parfois se compénètrent, au point qu'en certaines circonstances il est presque impossible de les différencier.

La science est une affaire essentiellement humaine ; elle n'existe que de l'homme, par l'homme, pour l'homme. Si l'homme constate, découvre et applique, il n'est pour rien dans la réalité de lois qu'il n'a pas promulguées, de forces qu'il n'a pas créées et auxquelles il est lui-même soumis. Production humaine, la science est au-dessous de l'homme, qu'elle doit servir. En faire l'objet d'un culte, c'est simplement remplacer une divinité spirituelle par une divinité matérielle, ce qui démontre encore qu'il faut une religion, quelle qu'elle soit, à l'être humain, même si c'est une idole sortie de ses propres mains.

Deux seules phases

Le scientisme, produit de l'observation et de la raison humaine, ne devint réellement une école qu'avec les encyclopédistes ou faux philosophes, ou encore si on le préfère les sophistes Rousseau, Diderot, Condorcet, Voltaire et les beaux esprits qui gravitaient autour d'eux, presque tous chrétiens au début mais ensuite graduellement déformés dans les loges judéo-maçonniques. Le scientisme, devant les découvertes soudaines, surprenantes et toujours plus nombreuses des lois de la nature, crut pouvoir tout expliquer sans Révélation et même se passer de la Révélation complètement. Même s'il avait fallu à la pauvre raison humaine d-es milliers d'années pour constater et appliquer les principes de la gravitation, la vapeur, l'électricité, le magnétisme, etc., principes aussi vieux que le monde, n'était-ce pas suffisant pour que l'homme n'eût besoin d'autre : lumière que la sienne ? Pourtant, quand on contemple en raccourci l'Histoire de la race humaine — avec ou sans paléontologie on ne peut que la diviser en deux parties très distinctes : deux phases scientifiques qui ne sont, en somme, que les reflets physiques de deux phases métaphysiques et théologiques.

Toutes les cultures et toutes les civilisations qui ont précédé le christianisme se distinguent (sauf en de rarissimes exceptions individuelles contredisant leur époque) par une constance théologique qui contraste avec la luxuriante explosion théologique du christianisme. En effet, de toute antiquité connue jusqu'à l'arrivée du Christ, la contemplation philosophique et théologique ne s'est occupée que d'un domaine : celui de la substance et l'essence de la divinité et des choses créées. C'est la période statique de l'esprit humain, l'ère de la contemplation immobile, de la mystique purement analytique. Substance et essence semblent être les seuls ultimes champs d'exploration. Aussi, toutes les autres spéculations de l'esprit humain s'en ressentent, tant au point de vue scientifique que d'inspiration artistique. Mathématique, géométrie, astronomie, physique, " chimie ", physiologie sont comme des choses inertes. L'architecture est sans mouvement. Les arts plastiques et picturaux, s'ils atteignent une extrême fidélité, sont sans expression intérieure., L'histoire et la tragédie apparaissent comme des images figées de stéréoscope. L'antiquité tout entière n'a vécu que son présent, émanant rarement de faibles lueurs sur les possibilités d'avenir, ne s'en préoccupant même pas.

Comme un coup de tonnerre sur l'esprit humain, le christianisme lance les âmes et les cœurs dans un éveil et une voie qui constituent une véritable révolution. Si saint Jean l'Evangéliste, le Doux, donne une solution définitive au problème de la substance et l'essence avec son " *In principio erat Verbum* ", saint Paul le violent pénètre au-delà de la substance et catapulte l'esprit humain dans le problème du mouvement de l'énergie, de la dynamique divines, Il met fin à la longue époque pré-chrétienne de la statique spirituelle, de cette " *inertie du présent* ", de " *l'attente passive* ", de la " *contemplation de la promesse réalisable à n'importe quel moment* ", pour plonger dans les eaux torrentueuses de la " *réalisation commencée et qui doit se propager* ". La notion essentiellement chrétienne de la grâce sanctifiante, ou partage de la vie divine, crée une vision spirituelle entièrement neuve tout en produisant une sensation de vie intérieure jamais connue auparavant. L'âme humaine n'est plus contenue, fixe et immobile, dans une simple vision de béatitude ou de nirvanâ ; elle est lancée dans un impétueux mouvement de vie trépidante dont le dynamisme n'a plus de bornes. Quinze siècles de cette activité spirituelle, qui finit par imprégner tout l'Occident, devaient infailliblement déterminer une action parallèle dans l'observation du monde matériel. S'il est vrai que l'homme est à l'image de Dieu, il pouvait être également vrai que les lois de la nature peuvent être une image d'autres lois opérant dans le monde surnaturel. C'est cette assomption, consciente ou subconsciente émanée du christianisme, qui est à la base de tout le courant scientifique mouvement-énergie-dynamique du monde moderne et qui ne serait jamais venu sans le christianisme. D'ailleurs, la notion des formidables énergies de la grâce, les phénomènes de télépathie, télécommunication et télévision spirituelles n'ont-ils pas été expérimentés par l'homme avant leurs contre-parties physiques ?

Mouvement qui anime tous les domaines

Avec le christianisme, tout devient vivant, mobile et dynamique. La vieille mathématique sort de son sommeil et s'anime en des formules que l'antiquité n'aurait jamais pu soupçonner ; la primitivité de l'astronomie s'élance dans des développements complexes et éblouissants ; la géométrie se met en marche, la mécanique capte et maîtrise les forces vives ; la chimie court de secret en secret. La science de l'homme, devenue presque vivante par l'homme qui enfin peut avoir de la vraie vie, génère d'autres sciences, les techniques enfantent de nouvelles techniques. Et cela jusqu'à ce qu'on en arrive à la vision de l'énergie pure, derrière le sceau de laquelle on ne pourra trouver que Dieu. Dans les arts, même intensité, même effervescence de l'âme libérée. La longue ogive, comme deux lignes parallèles se rencontrant à l'horizon, reproduit l'élan vers l'infini et donne aux masses de pierre un mouvement jusque-là inconnu. La musique monte à des hauteurs inouïes et, avec la fugue d'esprit uniquement chrétien, accède à une fluidité insaisissable. La conception chrétienne de la justice échafaude un droit commun et une jurisprudence d'une incomparable beauté. Peinture et sculpture ne se contentent plus de simplement reproduire l'aspect extérieur avec Fidélité, c'est l'âme et le pathos intérieur qu'elles arrachent et révèlent. Toute la splendeur de la philosophie vivante prend corps dans l'inébranlable scolastique que toutes les oppositions ultérieures ne pourront jamais même ébrécher. Puis, comme apothéose du génie humain qui se baigne avec une joyeuse exaltation dans la lumière de Dieu, c'est la somme de la théologie catholique et de ses fastueux commentaires qui répond à toutes les questions, calme tous les doutes, anéantit toutes les objections. Et tout cela parce que le monde occidental, grâce au christianisme, peut vivre la vie nouvelle de l'humanité en partageant de la vie de Celui qui a vaincu la mort. S'il y a donc seulement deux phases dans toute l'histoire spirituelle des hommes : phase de mort ou de fixité de l'humanité non-rédimée, puis la phase de vie et mouvement de l'humanité rachetée, de même l'histoire du développement scientifique et du développement artistique démontre aussi deux phases parallèles. Ce sont la phase de statique et inertie de l'ère pré-chrétienne, et la phase de mouvement et dynamisme de l'ère chrétienne. C'est une question de faits réels, bien au-dessus des opinions ou des préjugés personnels.

Jamais l'homme n'a monté plus haut ni n'a fait de plus grandes choses. Lorsque la longue gestation de la contemplation chrétienne impose son impérieuse manifestation dans le monde matériel avec ses données de mouvement et de dynamique, la Nature forcée par l'Esprit ne peut que livrer ses secrets l'un après l'autre. C'est exactement au moment de cette manifestation que se déchaîne, au sein même du monde chrétien, le Naturalisme aux mille tentacules contre le Spiritualisme aux mille activités. L'abbé Joseph Lemann, Juif converti au catholicisme, attribue à l'émancipation des Juifs d'Europe cette déviation soudaine de la course poursuivie par la civilisation occidento-chrétienne ou gothique. Oscar Lévy, Marcus Elie Ravage, Bernard Lazare, Benjamin Disraeli, Adolphe Crémieux, Maurice Samuels et cent autres Juifs éminents écrivent dans le même sens à des dates différentes.

La culture-civilisation chrétienne immerge l'Europe, les Amériques, influe sur l'Islam, pénètre l'Afrique et fait adopter sa conception du *jus gentium* par l'Asie. Car, qu'on ne s'y trompe pas, comme il n'y a pour l'Occident qu'un seul culte : le culte chrétien, il n'y a qu'une seule culture, la culture chrétienne. Parler de culture française, culture anglaise, culture allemande, culture italienne, culture espagnole, etc., c'est se gaver de mots ou de chauvinisme, Il n'y a eu et n'a encore, pour tout l'Occident, qu'une seule et unique culture : la culture chrétienne, qui prend des variantes ou aspects différents suivant le tempérament des peuples et les vieilles traditions des milieux. Car c'est l'esprit qui fait la culture, et non les manifestations extérieures. Et, malgré les formidables oppositions suscitées à cette culture par les immenses moyens matériels de l'ennemi antichrétien toléré dans le grand corps chrétien, c'est seulement par cette culture qu'il peut y avoir encore de l'ordre dans notre monde moderne. Un humanité désaxée par des forces parasitaires qui cherchent à la faire dévier de son but réel s'y accroche toujours et ne pourrait rien sans elle.

On n'a encore rien vu

L'autre soir je posais la question : "*A-t-on raison de dire que le christianisme a fait son temps et doit mourir de sa mort naturelle comme toutes les civilisations qui l'ont précédé ?* " Je crois pouvoir dire que si le christianisme est à la baisse dans une forte partie du monde, ce n'est pas par la faiblesse de sa doctrine, l'anémie de ses principes ou le caractère périmé de son credo, mais bien par l'intervention violente de forces tyranniques, la conspiration de forces souterraines, la tolérance béate du contrôle politique et social des masses chrétiennes par des éléments antichrétiens ou extrachrétiens. S'il était vrai que cette civilisation chrétienne doit disparaître, il faut admettre que ce sera la dernière dans toute l'histoire humaine, qu'il n'y en aura plus d'autre puisqu'il n'est pas possible d'en imaginer une autre, et que la race humaine sombrera dans un chaos qui la détruira totalement.

Le malaise qui angoisse le monde actuel est assurément voulu. Il est voulu par une volonté consciente qui vise un but précis : le renversement de l'ordre chrétien ; qui a infiltré comme un germe nocif tout le corps de cet ordre, qui a une unité de direction et d'action, qui gruge et affaiblit tous les organes du grand corps avant de pouvoir le subjuguer complètement. Tout ce qu'on a vu jusqu'à ce jour est peu de chose en comparaison de ce qu'apportera la troisième et dernière phase de la Révolution Mondiale si bien réussie dans ses deux premières phases par la trahison délibérée ou la molle connivence des chefs d'états chrétiens. Il n'y a pas à s'illusionner. L'ennemi ne renoncera pas à sa colossale puissance acquise dans le corps chrétien et ne cessera pas la bataille qu'il a entreprise uniquement pour nous faire plaisir. Il est lui-même entraîné par les courants vertigineux qu'il a déchaînés sur le monde. L'apprenti-démon n'est pas plus maître de son expérimentation que l'apprenti-sorcier. Si, pour le chrétien, le Christ est tout, a tout, doit être partout et a droit à ce que tout se soumette à Lui, esprits et choses, mondes ou hommes, individus ou collectivités, le germe antichrétien toléré dans l'organisme chrétien a pour tâche unique d'éliminer le Christ de tout et de partout. C'est là la réalité de la grande bataille finale amorcée en 1914 et conduite sous des dehors diplomatiques, militaires et économiques. Avec une diabolique séduction, l'ennemi antichrétien gagne même des légions de chrétiens à sa cause, par l'habileté et la puissance de sa propagande, les convainquant que sa haineuse bataille contre la Croix est une croisade. Ce n'est que par le mensonge qu'il peut les séduire.

Un personnage considérable dans le monde chrétien, S.E. Mgr Antonio Garcia, évêque de Tuy, a longuement étudié cette vaste question ; il l'a même vécue durant la guerre civile espagnole, aux fureurs de laquelle il a miraculeusement échappé. Voici comment, il y a à peine trois ans, il résumait ses études et ses recherches : " Il est évident que le conflit actuel est l'une des plus terribles guerres déchaînées par l'Antéchrist, c'est à dire par le Judaïsme, contre l'Eglise catholique et contre le Christ. Et dans cette crise de l'histoire du monde, la Juiverie utilise deux armées formidables : l'une secrète, nommément la :franc-maçonnerie ; l'autre, ouverte et avouée, aux mains dégoulinantes de sang, celle des communistes, et de tous les groupements associés, anarchistes, anarcho-syndicalistes, socialistes, aussi bien que les forces auxiliaires : Rotary, Ligues de bienfaisance, etc., dans lesquelles on prêche l'exclusion du Christ, de Sa moralité, de Sa doctrine, ou dans lesquelles on entend au moins en faire abstraction, comme si Jésus-Christ n'avait pas dit clairement : " *celui n'est pas avec moi est contre moi* ".

Dans un combat aussi clairement précisé, de quel côté le chrétien se rangera-t-il, s'il ne veut pas pourrir d'inertie et de lâcheté dans le *no-man's-land* de la toute nouvelle stratégie élaborée pour paralyser les masses populaires : la " fraternité " judéo-chrétienne ?

Evidence et Vérité

Le scientisme, forme grandiloquente du naturalisme, est la nouvelle religion que le gauchisme veut imposer au monde, depuis les libéraux avancés comme feu W.L. Mackenzie King jusqu'aux communistes comme Staline et Chou-En-Lai. Cette erreur grossière provient de la matérialisation de la Vérité, quand ce n'est pas sa totale omission. Car l'évidence, la démonstration que la science-peut apporter n'est nullement la Vérité. L'évidence de la Nature et ses phénomènes est accessible même aux animaux : lumière, ténèbres, douleur, couleur, chaleur, froid, hauteur, distance, consistance, senteur, goût, foudre, vent, fumée, vapeur, vibrations, etc. Tout ce que l'homme peut faire, de plus que l'animal, c'est d'analyser et mesurer les phénomènes, de constater les lois qui les régissent ; mais ni la Nature ni la raison humaine ne peuvent expliquer l'origine, le début de ces lois, qui les a imaginées et imposées. Par contre, la Vérité, inaccessible à tout être dépourvu d'une âme, a sur l'évidence la même supériorité que l'Esprit sur la matière. La Vérité ne concerne que le monde spirituel et les fonctions de l'esprit humain, même lorsqu'il s'agit pour celui-ci d'apprécier des évidences. La Vérité s'identifie à Dieu comme l'évidence s'identifie au monde matériel. C'est pourquoi le matérialisme, qui nie Dieu, ne peut connaître et encore moins avoir la Vérité. Cela explique comment, en notre ère des plus prodigieux développements matériels, l'homme s'éloigne de la vision de Dieu dans la mesure qu'il s'extasie devant les découvertes humaines, il sombre dans la pénurie spirituelle et morale en proportion de la foi plus exclusive qu'il accorde aux déploiements et transformations de la matière, il erre dans la confusion et le désordre quand il s'imagine que sa science et ses réalisations sont le fondement de l'Ordre sur la terre.

L'évidence scientifique ne peut apporter qu'une vague lueur, par le faible moyen de l'induction, des réalités spirituelles ; tandis que la Vérité, connue par la Révélation et acceptée par la Foi, éclaire d'une éblouissante lumière toutes les facultés de l'âme, lui apportant la connaissance de réalités plus saisissantes et plus vivantes que toutes celles du monde matériel, donnant même à ce-dernier ses proportions et son sens réels. La physique moderne en est rendue à affirmer que la matière n'est, pas autre chose qu'énergie vibratoire dans des modalités aux présentations variées ; et cette énergie vibratoire pluriforme et polymanifeste est essentiellement unitaire en même temps que de "*composition*" trinitaire, que ce soit dans les domaines atomique, électrique, magnétique, moléculaire, etc., dans le jeu des lois d'attraction, cohésion, gravitation, Te-production, etc. C'est à croire qu'il n'y aurait qu'une seule et unique loi régissant le monde, loi de "*trinité en unité*" qui se présente en des centaines, des milliers de variations et d'aspects différents. Serait-ce parce que l'Auteur de cette loi unique aux manifestations multiples y a gravé sa signature ? Pour répondre à cette question, je crois que la Vérité est plus compétente que l'évidence.

La Vérité est une, inchangeante, éternelle, universelle. C'est pourquoi elle est infaillible et reste l'unique source de certitude. Si elle ne s'appliquait qu'en un, endroit, une circonstance particulière ou un temps déterminé, ce ne serait pas la Vérité. Dans le monde humain, doué d'esprit, la Vérité une et infaillible ne peut reposer qu'en un seul homme, chargé d'une autorité que lui confère l'infaillibilité, autorité que seul a pu transférer Celui qui a pu dire : " *Je suis la Vérité* ".

Matérialisation universelle

La matérialisation de la Vérité en métaphysique, lui substituant l' " évidence scientifique " comme seule source de certitude, en a sapé l'autorité. C'est ce que voulait l'ennemi infiltré dans l'organisme chrétien. Encore, si ce n'était que la seule matérialisation effectuée. Toutes les autres autorités qui dépendent de la Vérité dans le domaine physique ont subi le même sort, remplacées graduel :ment par des usurpations appuyées sur le terrorisme, des préjugés, des haines, des orgueils en révolte, de trafics de consciences.

On a vidé la Charité de sa substance, l'Amour ; dans sa coquille creuse, on a injecté l'ersatz inerte de l'humanisme ", la " fraternité " adéiste et libérale qui n'a rien de supérieur à la simple solidarité instinctive et fragile des animaux d'une même espèce. L'Amour n'y étant plus, son absence laisse le champ libre à l'indifférence, la dureté de cœur, la cruauté. Les guerres modernes en donnent des images effarantes.

Sur le plateau du théâtre mondial, la Justice a fait place à l'arbitraire, comme le démontrent le triste état des nombreux peuples enchaînés, les ignobles farces qu'on a nommées " *procès internationaux* " et les aberrations statuées aux Nations-Unies. Le Droit a pris un sens unilatéral et est devenu, comme dans le cas de l'usurpation violente de Palestine, le Tort glorifié. Deux conceptions opposées de la vie, de la société et de tout ce qui s'y rattache sont engagées dans un combat à finir. A la solennelle affirmation de leur Dieu-Homme : " *Vous ne pouvez rien faire sans moi* ", les peuples occidentaux-chrétiens, par leurs chefs politiques, répondent prétentieusement par un humanisme achrétien qui n'est que la formule de leurs propres ennemis. Et pourquoi tant d'aveuglement ? Parce que les masses chrétiennes se laissent béatement guider par des chefs esclaves du camp opposé : franc-maçonnerie, sionisme, marxisme, trinité de moyens qui se rejoignent dans une unité de but final identique.

Les mots ont changé de sens et les terminologies ont pris des significations inverses, ce qui propage constamment la confusion qui existe déjà dans le grand corps chrétien par la présence d'un parasitisme retardataire et déformateur. Prenons le mot " démocratie ", qui dans la société humaine (des deux côtés du rideau de fer), est devenu l'impératif suprême et qui a remplacé toute autorité divine grâce à une seule et même propagande. Que signifie donc ce mondial mot de passe, ce *verbum tout-puissant* ? N'importe quoi, du moment que c'est contre le Vrai, le Juste et le Beau. En Russie, la " démocratie " justifie l'esclavage de vingt millions d'hommes dans des camps de concentration, la destruction de la religion, de la famille, du droit de propriété. En Palestine, elle béatifie le racisme le plus virulent et le plus sauvage. En France, elle glorifie la désunion et l'instabilité. En Angleterre, elle confirme l'abandon et l'abdication d'un rôle historique appelé " vital, capital " il n'y a pas une décade. En Chine, elle sanctionne l'usurpation, la tyrannie et le despotisme. En Amérique, elle canonise la ploutocratie, le socialisme, le métissage, l'avilissement des mœurs. Qu'un monarque mange un hot-dog à la Maison Blanche, on le proclame " démocratique ". Qu'un prince ou une princesse se rie des lois sacrées du mariage et s'identifie aux caractères les plus scandaleux d'une époque, c'est être " bon démocrate ". La propagande antichrétienne qui donne le ton à la vie moderne, sur la note " démocratie ", se croirait coupable d'antidémocratie si elle tentait d'élever le niveau moral ou intellectuel des peuples. Sa tâche est de " *décrasser les cerveaux* " de toute culture, des deux côtés du rideau de fer. Sur notre continent, la fabrication des robots en série, sous le signe du jazz et du vertige sportif, l'exaltation des attitudes du gorille et la propagande de la vulgarité, sont les détergents à la mode, avec le culte du bruit incantationnel et les romans-fleuves toujours plus niaiseux. A de courts moments de répit qu'on lui permet, la foule, parce que rien ne peut tuer son esprit, ressent cette profanation de sa dignité et réalise l'omniprésence du mensonge. Elle méprise les autorités qui permettent un pareil état de choses et souhaite secrètement leur renversement.

Deux crédos en conflit

La tolérance, qui ne s'appliquait autrefois qu'au mal et à l'erreur (*puisque le Bien et le Vrai n'ont pas besoin de tolérance*) a été hissée sur le même socle que le droit. L'intérieur et essentiellement spirituel libre arbitre, option consciente et volontaire du mal ou du bien, perd de plus en plus sa raison d'être devant un libéralisme qui accorde un égal respect public au mal comme au bien, au mensonge comme à la vérité. Non seulement les mots ont perdu leur valeur, mais en nombre de cas il faut leur accorder un sens totalement opposé à leur signification primitive. C'est ainsi qu'on qualifie d'"*abstrait*", "*abstraction*" ce qui contredit le plus violemment le domaine de l'abstraction, comme ces " arts " révolutionnaires nouveaux dénués d'inspiration, de goût, d'effort spirituel, d'intention, de pensée, de raison et qui se résument à des formes incohérentes, des barbouillages ou des dissonances criardes qui feraient tout simplement rire s'ils provenaient de singes en liberté ou de machines détraquées. Cette "*abstraction*" envahit jusqu'à nos temples où elle va, par ses caricatures blasphématoires, supplanter la réelle inspiration des Fra Angelico et des Raphaël.

Quand on sait d'où vient tant de perversion et de confusion, et pour quel but désiré, on ne peut en ressentir aucune surprise. Mais ce qui déconcerte et laisse perplexe, c'est de voir à quel degré d'incroyable naïveté les élites chrétiennes, ces groupes formés dans l'orthodoxie doctrinale et préparés à " défendre la forteresse assiégée ", tombent plus rapidement que la foule ignorante dans les pièges de la propagande ennemie. Est-ce par désir d'originalité, ou goût de la nouveauté qu'une doctrine éternellement vraie est sacrifiée aux sophismes de la conspiration antichrétienne ? Rien ne sert d'avoir des principes et de proclamer des vérités métaphysiques si, dans leur application pratique aux problèmes de la société humaine, on les fait servir au jeu des forces du mal, à l'avilissement plutôt qu'à l'élévation de l'être humain.

Deux crédos se disputent l'adhésion des esprits dans le monde : le crédo matérialiste et le crédo spiritualiste. Tous deux ont leurs dogmes qui se complètent et forment un tout logique, comme les mailles d'une même chaîne. Dans l'un, et l'autre crédo, il est impossible de briser ou soustraire un chaînon sans rompre la chaîne elle-même. Dans l'un et l'autre crédo, l'aboutissement final est le même : la béatitude pour l'être humain, un paradis de justice et de fraternité, de bonheur et d'égalité, de paix et d'équité.

Le crédo chrétien proclame que l'homme naît avec des penchants mauvais, que la Terre est "*une vallée de larmes*", que le paradis de béatitude n'existe que dans l'au-delà et ne peut être atteint que par la rédemption dans le Christ. Le crédo matérialiste proclame que l'homme, naît bon et n'est corrompu que par son entourage, que la Terre peut devenir un séjour de plaisir, que le paradis de béatitudes est accessible uniquement en ce monde (puisqu'il n'y a pas d'au-delà),

Chacun des deux crédos définit les conditions d'admission à son paradis. Le crédo matérialiste énumère les siennes, que l'on retrouve et dans le marxisme et dans la franc-maçonnerie et dans le sionisme : élimination de l'idée de Dieu, d'un monde spirituel, de l'âme humaine, du Trône et de l'Autel, de toute religion, du droit de propriété privée, de toute initiative personnelle, de la famille comme cellule fondamentale de la société, de toute idée de patrie, des différences raciales et des frontières nationales. Le paradis ne viendra, après toutes ces destructions, que par un gouvernement mondial de république universelle qui ne connaîtra pas d'opposition, et qui fera régner sur le monde la justice, la paix, la fraternité, l'égalité, l'hygiène, la non-richesse, la non-pauvreté, le même confort pour tous et chacun. La parole du Christ, *verbum Verbi* : " *Il y aura toujours des pauvres parmi vous* " est une erreur que le matérialisme se charge de corriger !

L'échéance finale est donc un super-gouvernement de république mondiale, comme se le proposent le marxisme de Moscou, le maçonnico-communisme des Nations-Unies, le sionisme tel que défini dans les " *Protocoles* " et prouvé par tous les événements contemporains. C'est pourquoi on se demande comment il se peut que des chrétiens non-inféodés aux trois organismes sus-mentionnés peuvent prêcher la nécessité, l'opportunité ou la possibilité d'un même gouvernement mondial de république universelle, comment il est possible que les disciples du Christ peuvent préconiser une même solution que les disciples de Lucifer, comment il peut arriver que l'orthodoxie doctrinale chrétienne puisse conclure dans le même sens que la " *doctrine* " antichrétienne. C'en est à se demander quelle section du christianisme, même mineure, n'a pas subi la corrosion par l'acide libéral-socialiste-communiste.

Conditions de l'unité

L'unité mondiale, l'unité de d'amanite', toutes les conditions en existent déjà dans le christianisme. C'est le seul plan où peut se réaliser le véritable internationalisme de justice et de paix, pour tous les domaines et toutes les activités. Quel catholique ne reconnaîtra pas les pouvoirs d'un prêtre nègre, jaune, brun, blanc, rouge ou sémite ; ne s'inclinera pas devant un évêque de n'importe quelle race ou n'importe quel lieu ; n'admettra pas comme son prochain n'importe quel être humain parce qu'il est ou est appelé à devenir un membre du corps mystique du Christ ? C'est spirituellement, et de cette façon-là seulement, que la fraternité mondiale est possible, dans une catholicité et un œcuménisme véritables. L'internationalisme ne peut s'imposer, et se fonder que sur des bases spirituelles : idéal commun, doctrine commune, éthique commune, conception commune de la justice, du droit, de l'équité, de la paix : tous acceptés **librement** par tous les hommes ; et, en tout cela, qu'il s'agisse d'un code mondial d'échange des activités spirituelles de l'homme, découvertes ou réalisations religieuses, philosophiques, scientifiques, artistiques, morales, légales et sociales. C'est ce que le christianisme a compris et fait depuis les quinze siècles qu'il mène le monde. Si, par le pouvoir civil des peuples soumis à sa culture, il a fait du colonialisme, ce colonialisme a enseigné aux peuples coloniaux l'art des institutions et de l'organisation, une loi criminelle et un droit civil avancés, l'hygiène curative et préventive, l'application de la science occidentale dans les communications, le transport, le commerce, l'industrie, l'agriculture, la pisciculture et les autres activités importantes. Sans l'expansion de l'idée occidentalo-chrétienne, ces peuples coloniaux n'auraient pas émergé de leur sauvagerie et seraient encore i7longés dans la barbarie qui les caractérisait il y a quelques millénaires. Il y a eu de l'exploitation des indigènes ? Evidemment, nul ne le conteste. Il y a deux raisons à cette exploitation. La première, fort raisonnable et acceptable : faire payer à ces indigènes une part mineure de ce qu'on leur donnait. La deuxième : le parasitisme juif, malheureusement toléré par les chrétiens, qui suçait les indigènes et les colons d'Europe non seulement de leur argent mais aussi de leur sang, dans TOUTES les colonies établies par les Blancs à travers le monde. L'histoire des Amériques nordique, centrale et sudiste, des pays arabes et africains, de l'Inde, de l'Indonésie et la Chine en offrent des exemples saisissants. Il suffit de lire le livre " *Jews in Canada* " édité dans un accès d'orgueil par le Canadian Jewish Congress, pour savoir que nos grands-pères canadiens furent victimes de la plus ignoble exploitation par les Juifs David et Abraham, Gradis, de Bordeaux, qui avaient arraché au roi de France le privilège exclusif du commerce et de la navigation entre la France et le Canada ; dont le sinistre intendant Bigot était l'associé commercial et représentant chez nous ; qui communiquaient librement et directement avec Londres pendant la guerre entre la France et l'Angleterre ; qui, chargés de fournir aux régiments français et milices canadiennes les armes et les munitions pour les campagnes de Montcalm et Lévis, voyaient à ce que leurs nombreux navires de secours fussent interceptés en haute mer par la marine anglaise. Le roi de France paya généreusement en millions sonnants ces marchandises jamais livrées. Cette page de l'histoire canadienne, jamais mentionnée par nos historiens officiels, est tellement sale et perfide que si elle avait été développée comme il convient suivant les faits et la vérité, jamais les Canadiens-français n'auraient accepté qu'un seul Juif fût admis dans notre pays, parce que ces trafiquants juifs et leur ignoble valet Bigot avaient été les SEULS et UNIQUES responsables de la trahison perpétrée contre nos aïeux. Là-dessus, je ne vous donne pas mon opinion personnelle, mais seulement les vantardises officielles de la juiverie canadienne pour se gagner les bonnes grâces du protestantisme anglais (qui ne lui fait pas plus confiance que le catholicisme français, bien qu'il se sente obligé de subir, lui aussi, son terrorisme moral).

Les béatitudes opposées

L'antithèse du colonialisme a toujours été l'autonomisme, parfois appelé faussement nationalisme. Car le nationalisme est un,e affirmation positive faite par une cellule vivante autonome et déjà complète, comme l'affirmation de souveraineté que fait une cellule familiale nouvelle. L'antithèse du nationalisme n'est pas l'impérialisme, mais bien l'internationalisme. L'impérialisme peut se justifier par une tutelle nécessaire sur des peuples mineurs et non-évolués ; l'internationalisme veut à tort subjuguer et régenter des peuples majeurs et plus évolués que la conspiration internationaliste elle-même. Dans l'histoire humaine, on a vu des peuples localisés et de culture supérieure vouloir constituer puis étendre leur impérialisme ; mais l'internationalisme politique n'a pu provenir que d'un peuple non-localisé, internationaliste et bien internationalise. C'est le peuple juif, il n'y en a jamais eu d'autre à aucune époque connue. Son internationalisme est le seul qui soit matérialiste, en opposition au seul internationalisme spirituel du christianisme ; seul il a pu fournir les prophètes, la propagande et les moyens financiers du communisme international qui proclame la possibilité d'un paradis sur terre ; seul de tous les peuples et toutes les religions, il a imaginé un Eden terrestre en opposition à l'Eden céleste, A cause de sa dissémination internationale et ses principes talmudistes (déformation grotesque de la Thorah), il a été capable d'instaurer d'abord un internationalisme de l'or, du capital-finance qui opère par la Haute Banque Juive Internationale. Celle-ci a ensuite procréé les internationales de la propagande (presse, cinéma, livres, revues, radio, télévision), du commerce international, des, monopoles mondiaux de denrées et produits essentiels, de la franc-maçonnerie pour classe supérieure, du marxisme pour classes humbles. Comme tous ces internationalismes peuvent facilement crouler devant une réaction nationale, l'essentiel et dernier internationalisme s'imposait : l'internationalisme politique qui doit absorber les souverainetés nationales, C'est ainsi que la juiverie mondiale (comme elle vante dans ses plus officielles publications) a utilisé ses trois puissants moyens de la maçonnerie, du marxisme et du sionisme pour imposer à toutes les souverainetés nationales sa souveraineté internationale par la Société des Nations, puis par les Nations-Unies.

L'internationalisme sur le plan matériel (contrôles financier, économique, politique), ou gouvernement mondial, ou " paradis sur terre ", est le couronnement pratique de toutes les erreurs du matérialisme. De même le nationalisme sur le plan spirituel : religion pour un seul peuple ou une seule race, vérité localisée, éthique et morale régionales, justice, et équité géographiques, est la suprême erreur du faux spiritualisme. C'est sur la confusion de ces deux domaines, savamment exploitée, que la juiverie mondiale (religieusement nationaliste) pousse de l'avant son internationalisme destructeur des peuples non-juifs. Non seulement la juiverie est aidée puissamment à diffuser cette confusion par ses instruments du sionisme, de la franc-maçonnerie et du marxisme, mais encore elle compte sur l'aide active d'une forte partie de la chrétienté que cette confusion doit terrasser. Tout ce qu'il faut affirmer et protéger pour parvenir à la béatitude céleste qui couronne le credo chrétien, il faut le détruire pour obtenir la béatitude terrestre qui couronne le credo antichrétien. C'est ce que de nombreuses élites chrétiennes, toujours en retard de 50 ans sur la manœuvre ennemie, ne semblent pas avoir compris ; ignorant ou écartant la puissante virilité doctrinale des Pères géants, elles spéculent avec une tapetterie déconcertante et spirituellement efféminée sur les paradoxes de l'adversaire, en avalent une partie, compromettent, marchandent, méli-mélosent et finissent par capituler. On en trouve une autre démonstration dans le catéchisme ultra-moderne imposé dans nos écoles primaires, " nouveauté " d'importation belge, qui condamne le nationalisme sans retour, sur la foi du Mensonge, en lui donnant une définition erronée qu'il n'a jamais eue, et qui en même temps enseigne à nos enfants la " *citoyenneté mondiale* " : l'idéal rêvé du sionisme, de la maçonnerie et du marxisme. Le catéchisme " moderne " imposé à nos enfants a, sur ce sujet du nationalisme, une particularité frappante : il utilise les termes des rabbins, des vénérables des loges, des athées de l'UNESCO. Il biaise, marche en écrevisse, crachement, et ne peut s'empêcher d'étaler sa mauvaise foi en qualifiant le nationalisme d'" étroit ". Placement comme le Grand Orient, comme le Sanhédrin ! Chose curieuse, ce même catéchisme ne qualifie pas l'internationalisme, pas même la Vertu, la Justice, la Beauté, la Pureté, la Foi, la Charité ", etc., qui, elles aussi pourraient être " étroites ". Dans le harem des subversités judaïques, les eunuques catéchisants belges font vraiment bien leur devoir. S'ils reçoivent la médaille d'or de la franc-maçonnerie B'naï B'rith, il faudra les en féliciter.

Ce qu'est le nationalisme

Puisque nous sommes moins "*modernes*" et préférons nous en tenir à la vieille orthodoxie " retardataire ", comme par exemple celle de feu Mgr J.-A. Paquet, nous osons nous contenter des anciennes définitions. Le nationalisme, dans son expression politique, c'est le corps matériel et physique d'un état d'esprit et d'un sentiment ardent que l'on nomme patriotisme. Ce patriotisme englobe l'ensemble des traditions et aspirations d'un peuple. Le nationalisme est l'exercice du droit d'un même peuple de diriger sa destinée, de se conduire lui-même, de prendre ses propres décisions, de jouir physiquement et moralement de tout l'héritage compris sur son sol et dans son sous-sol, de choisir ses alliés, de refuser de se soumettre aux pressions extérieures, d'affirmer ses droits financiers et économiques à l'intérieur de ses frontières, de proclamer le Christ comme Souverain et Législateur si ça lui plaît, de voir à ce que son héritage profite d'abord et avant tout à ses enfants et ses institutions, de repousser tout parasitisme venu du dehors, d'imposer sa roi et son Espérance comme règles d'Ordre sur son propre territoire. Les Juifs l'ont parfaitement compris dans l'établissement de leur nouvel Etat d'Israël, l'ont imposé comme règle obligatoire, — et avec une parfaite justification, — même si nous leur nions tout droit historique, légal, et moral sur le territoire qu'ils ont usurpé par la violence et le terrorisme, avec la bénédiction empressée de Moscou, l'assentiment obligé du 33e degré maçonnique Truman, des autorités canadiennes et des curieuses " fraternités " internationales. Ce que le nationalisme a d'étroit ", c'est qu'il peut demander aux citoyens des sacrifices jusqu'à celui de mourir pour la patrie, " étroitesse " que nos unimondialistes veulent élargir jusqu'à la nécessité de mourir pour des lubies révolutionnaires, antichrétiennes et antinationales. Le nationalisme exige, comme condition de sa dignité et son autorité, une totale souveraineté, comme celle du chef d'un foyer qui n'est pas en tutelle. Cela n'empêche nullement le nationalisme d'user de cette souveraineté pour contracter des alliances, des ententes, des engagements supra-nationaux, de se lier librement à des limitations exigées par l'intérêt général, exactement comme les familles d'un même village se lient à des exigences communes sans pour cela rien perdre de leur souveraineté intérieure.

Patriotisme et nationalisme sont les vocables maudits de notre époque. Voyez comment on les salit, on les bafoue. Tous les manuels d'enseignement de l'UNESCO demandent leur élimination du cerveau des enfants de tous les pays. Des deux premières syllabes allemandes du mot national, " nazi ", on a fait par une propagande massive l'épouvantail mendiait, le croquemitaine universel, une vision d'enfer, ce qui permet à l'internationalisme antichrétien de paraître plus sympathique et forger son chemin dans le crâne des doctrillons naïfs qui, s'ils sont caves comme des oies blanches, négligent d'être " rusés comme le renard et prudents comme le serpent ", violant ainsi un des plus impérieux commandements du Sauveur, justement le commandement qui devait nous éviter le communisme. Tout ce que l'athéisme, la Loge, le Sanhédrin, le Rougisme ont produit de génies malfaisants : les Lénine, Trotsky, G.B. Shaw, Jean Zay, Léon Blum, Bernard Baruch, Wells, Morrison, Russell, Huxley et leurs nombreuses phalanges, tous Juifs quand ils n'étaient pas maçons, ont vomi et revomi sur le patriotisme et le nationalisme. Tous ont juré la perte du Trône et de l'Autel ; du Trône (ou souveraineté nationale) d'abord, car on a vu dans toute l'Europe depuis trente ans comment il est facile de faire tomber l'Autel quand son appui naturel, le Trône, a d'abord été renversé.

La conspiration, dans sa lutte contre la propriété privée, s'attaque toujours en premier lieu à la grande propriété locale, noble ou héréditaire de préférence, terrienne d'abord puis industrielle et commerciale ensuite ; elle sait que lorsque les plus gros seront dépouillés et sans défense, il sera plus facile d'éliminer les moyens et les petits propriétaires. De même en est-il pour les souverainetés et les autonomies. Lorsque la souveraineté nationale d'un pays, qui est la plus haute souveraineté civile, aura été anéantie, ce sera chose ultra facile de détruire parmi les ressortissants sans défense, les souverainetés institutionnelles, corporatives, sociales, professionnelles, familiales, diocésaines ou paroissiales qu'il plaira à la nouvelle autorité internationale de faire disparaître.

Effondrement du libéralisme

Le messianisme chrétien comporte un paradis surnaturel dans lequel disparaîtront les distinctions de sexe, de famille, de langue, de race, de nationalité, de rang social, de fortune, de liturgie, d'origine ou prestige terrestre. Le messianisme judaïque, qui n'a pas le mérite d'une suggestion originale, n'est qu'une matérialisation grossière de l'idéal spirituel chrétien, une application déformée, grotesque de cet idéal dans le monde sensible. Utopique et menteur, il veut la disparition de la distinction des sexes, des familles, des langues, des races, des nationalités, des classes et des hiérarchies dans un monde qui ne peut s'en passer et où ces distinctions constituent des réalités issues, non de la raison de l'homme, mais de la combinaison harmonieuse de l'ordre naturel avec l'ordre divin : cette suprême réalisation du christianisme. Les bâtisseurs de la Tour de Babel, avant de crouler dans la confusion, n'étaient pas aussi avancés dans l'aberration contre-nature que ce messianisme talmudique de notre époque.

Pourtant, le chevauchement parallèle des deux messianismes, l'un spiritualiste et l'autre matérialiste, l'un de Vérité et l'autre de sophisme, l'un divin et l'autre diabolique, tous deux exigeant dans leur monde propre la disparition des mêmes distinctions, a créé cette confusion qui a séduit bien des chrétiens. On a même vu des docteurs au zèle intempestif, désireux d'anticiper suc l'ordre spirituel, prêcher pour ce monde la disparition des distinctions capitales, nécessaires dans l'ordre humain autant qu'elles sont superflues dans l'ordre spirituel ; surtout la distinction collective du plus grand nombre qui s'incorpore dans ce qu'on appelle la souveraineté nationale. Quand S.S. Pie XII disait, assez récemment, que "la formation doctrinale est la nécessité actuelle la plus urgente", on peut comprendre, entre autres choses, qu'il s'agit de cette formation doctrinale capable de déceler instantanément les sophismes séduisants du faux messianisme, les pièges attrayants du credo antichrétien ; cette formation doctrinale qui protégera le chrétien authentique de la fausse tolérance, du ramollissement dans le zèle, de l'étiolement du "don de force", de l'indifférentisme et du quiétisme que le libéralisme répand partout sans être capable d'affaiblir en rien le dogme chrétien mais en jouant sur la faiblesse naturelle des êtres humains, ce vieil écho du péché originel qui avait consisté à imposer à l'homme, dans une égale considération, la connaissance du bien et la connaissance du mal ; cette formation doctrinale qui doit permettre au chrétien, militant et soldat par son auguste titre, non seulement de résister aux assauts de l'ennemi, mais surtout de prendre l'offensive et, par les armes puissantes de sa doctrine, balayer les sophismes comme la lumière chasse les ténèbres.

Lorsqu'on fait le bilais des deux derniers siècles, il faut admettre que la présente Révolution Mondiale ne marque pas l'écroulement de la civilisation chrétienne. Au contraire, nous assistons à l'effondrement du système qui a pris la direction des peuples occidentaux, le système judéo-maçonnique qui ne pouvait s'extérioriser que dans une seule formule politique : le libéralisme avec ses inévitables succédanés du socialisme et du communisme. Pour ses originateurs et directeurs de la Haute Banque Mondiale, le système a réussi, en éliminant maintes Barrières religieuses, nationales, éthiques et sociales qui leur fermaient la route, en leur assurant une centralisation inouïe de richesse par l'exploitation financière systématique des peuples, un système d'usure crapuleuse d'une envergure sans parallèle et d'une dimension à l'échelle globale, les leviers de la propagande mondiale et l'abjecte soumission de chefs nationaux prostitués à l'argent.

Mais pour les peuples réduits en servage, le libéralisme a fait faillite en n'apportant (pour l'unique profit d'une minorité conspiratrice) que guerres mineures, majeures et universelles, révolutions de toutes sortes, désaxement de la vie naturelle, décadence et démoralisation, arrêt subit de la prodigieuse montée culturelle chrétienne. Avec le judéo-libéralisme, les affaissements économiques et le paupérisme grandissant devant la centralisation constante de la super-richesse sont devenus, non plus l'effet de phénomènes naturels cycliques, mais bien la conséquence de manœuvres humaines toujours égoïstement répétées. C'est le judéo-libéralisme, d'origine directement talmudique, qui mène le monde depuis que les vendus-aux Juifs Oliver Cromwell, Voltaire, Rousseau, Maribeau et leurs rejetons jusqu'à nos jours ont conjugué leurs efforts avec la Réforme et la Renaissance pour déloger l'orthodoxie chrétienne de la direction publique.

Devant leurs succès ininterrompus, les grands-prêtres du mondial Veau d'Or ont acquis la conviction inébranlable de leur triomphe définitif ; parce qu'une humanité passive, tolérante, n'a pas encore fait de soubresaut important pour se défendre réellement du parasitisme — malgré tout le gros mélo écrit sur l'épisode hitlérien — les conspirateurs croient du comme fer en leur propre " *sagesse* " orgueilleuse, fondée sur leur croyance en la folie congénitale des Gentils (comme le Talmud l'affirme en tant d'endroits). Ils croient déjà, à lire leurs exubérances prématurées, que leur raison et l'argent ont vaincu la nature humaine et subjugué la Nature elle-même. Bien triste sera le dernier lendemain du grand complot, lorsqu'un monde rendu à l'agonie renversera la fausse idole dorée, broiera ses temples et écrasera la terreur avec ses terroristes ; il, en restera bien peu de rescapés pour consentir à s'inféoder, en désespoir de cause, au reste de l'humanité ; juste assez peut-être pour compléter le " *quota* " des 144,000 si scrupuleusement comptés dans l'Apocalypse. Quand ils auront vu de leurs propres yeux que tout peut s'effondrer, institutions ou complots humains, qu'ils croiront que même les mondes peuvent passer et disparaître tandis que " *Sa parole ne passera jamais* ", la plénitude de la désillusion et de la douleur ne leur offrira que cette Parole comme dernier abri et dernière espérance.

On ne pourra pas empêcher le dernier et suprême assaut catastrophique de la Bête, tout enivrée qu'elle est de ses triomphes dus à l'inertie des chrétiens. Mais on en peut atténuer les coups, diminuer l'horreur de leurs conséquences et assurer sa défaite définitive, durant le peu de temps qui reste, car suivant l'expression parfois employée, il est déjà minuit moins cinq à l'horloge de l'Histoire.

Désunion des chrétiens

C'est la culture-civilisation chrétienne que la Révolution Mondiale a pour but exclusif d'éliminer de ce monde ; si la confusion des propagandes est trop grande pour qu'on la voie, du moins qu'on croie les intentions mille fois répétées des chefs de la Révolution. C'est un combat à mort, un combat à finir, entre une culture spiritualiste qui a tiré toute sa sève et sa substance du Christ Lui-même et une anticulture matérialiste qui veut éliminer de la sphère humaine toute conscience du spirituel. Le combat a l'ampleur de notre planète, il se poursuit avec une implacable âpreté partout Où il y a des hommes ; là où la Révolution n'a pas encore renversé et piétiné avec fureur l'organisme trahi et mal défendu de notre civilisation, elle a infiltré ses agents dans tous les milieux, répandu son poison dans tous les groupements et tendu ses pièges à tous les carrefours. Pendant que le serpent digère ses dernières proies, il fixe d'un regard d'acier la colombe occidentale qui, terrorisée, troublée même dans son instinct de conservation, ne sait même plus si elle doit réagir.

Mourir martyr pour une cause qu'on n'a pas voulu défendre quand il en était temps, pour laquelle on n'a pas voulu faire de sacrifices quand la victoire était possible, est une mort ignominieuse, une punition richement méritée.

Si tous les chrétiens du monde voulaient, pour un seul mois, faire front commun et faire sentir la puissance de leur opinion et leurs moyens, c'est la Révolution Mondiale qui croulerait d'elle-même ; mais la division est trop grande et l'infiltration ennemie trop profonde. Si seulement les catholiques du inonde voulaient simplement parler et agir sans crainte ni respect humain, d'un seul bloc solide, la Bête reculerait et disparaîtrait pour au moins un siècle. Mais quand on voit parmi eux tant de désunion malgré une même doctrine, un même catéchisme, une même apologétique ; dans certains milieux tant d'indifférence, d'esprit de compromission, d'incompréhension de leur sublime héritage ; tant d'insoumission d'esprit et tant d'entêtement dans les opinions personnelles, quand il n'y a pourtant qu'un seul Pasteur du même troupeau et une seule Autorité qui détient la puissance réelle de légiférer, lier et délier, on se demande si notre jansénisme moderne mérite le salut du miracle qui dépend de la conviction et la combativité des hommes mais, qu'ils espèrent comme cadeau de la Providence en récompense de leur inaction.

Huit croisades, dont on a exalté le zèle et les sacrifices, fuient entreprises il y a huit siècles, contre un ennemi lointain qui n'était pourtant qu'un " infidèle ". Si jamais une croisade fût nécessaire, c'est bien aujourd'hui en notre Occident, sans besoin de courir au loin, contre une théoclastie qui opère nuit et jour dans tous nos milieux et exerce de grands ravages comme en témoigne la pathologie morale de notre société. Ce qu'il convient de faire, devant le malaise qui angoisse le monde actuel ? Une croisade, la plus grande, la plus totale, la plus urgente, une croisade d'idées et d'actions, aussi intense et aussi ubiquitaire que l'anticroisade de l'ennemi.

Puisque tout se résume, de l'aveu des ennemis et suivant l'évidence aveuglante des faits contemporain% à une lutte mondiale, acharnée, sans merci, contre le Christ et Son œuvre, la première chose à faire, dans cette croisade, est de prendre catégoriquement position : pour ou contre Lui. Personne ne peut se soustraire à ce choix, dans l'Occident chrétien. S'il y a des endormis, des mous et des indifférents, aussi bien les cataloguer tout de suite dans le camp ennemi, car ils ne sont qu'un poids mort, une passivité nuisible aux assiégés mais fort utile aux assaillants.

La vraie " croisade "

Mais le choix ne peut guère se faire sans la Foi, base de tout dans le monde chrétien. Pourquoi base de tout ? Parce que, contrairement à la charité et l'espérance, qui sont méritoires puisqu'elles exigent des actes personnels, la Foi n'a pour méritant que Celui qui l'a donnée en pur et gratuit cadeau, comme la vie elle-même. Qui peut se glorifier d'avoir la vie, qu'il ne se doit pas à lui-même ? Pourtant, celui qui a reçu la Foi ne doit-il pas sacrifier même sa vie peur elle ? Il a été dit : " Celui qui aura cru en moi et qui aura observé mes commandements ... ". Il faut croire d'abord. Si la charité est la source des mérites personnels, elle n'est rien sans la Foi. Peut-on aimer ce qu'on ne connaît pas ? La charité sans la Foi devint de la philanthropie inerte, de l'humanisme sans vie, de la solidarité que le moindre incident peut transformer en sauvage cruauté.

Eveiller, propager et affirmer la Foi chrétienne est la première mesure de défensive et de contre-offensive à prendre dans l'indispensable croisade de notre époque. Devant le Mensonge et le Mal, la Foi doit être aussi intransigeante que Celui qui la donne ; elle ne doit pas connaître de compromis, puisqu'elle passe avant la vie elle-même. Elle doit être ramenée à sa pureté et sa lumière primitives, décortiquée de toutes les pelures dont l'ont recouverte les faux docteurs modernes, décrassée des demi-doctrines de demi-capitulation dont l'ont surchargée les timorés et les faibles qui ont imaginé de " *démaliser* " le mal par sa co-existence nuptiale avec le Bien. Il n'y a pas mille sources de doctrine pour guider la Foi, il n'y en a qu'une seule. Depuis près de deux siècles que la Révolution s'est mise en marche, le pontificat romain, qui a fourni en l'occurrence les chefs les mieux informés et les plus éclairés de toute l'histoire du monde, a prévenu l'humanité de tous les malheurs qui l'ont accablée depuis, indiquant dans un vaste monument de sagesse et d'ardente charité les tribulations qui allaient fondre sur les hommes, leurs origines et leurs causes, offrant en même temps les moyens de les conjurer et d'en épargner les victimes. L'état actuel des choses démontre assez quel peu de cas le monde chrétien en a fait ; mais le monument de sa gesse est toujours là, comme un phare de direction vers la Justice, et, qu'on le veuille ou non, la barque humaine devra y fixer sa course si elle préfère arriver à bon port plutôt que de sombrer.

En beaucoup d'endroits, l'enseignement moderne a *scientifisé* la Foi en voulant la concilier avec la science. Cette complication pédante d'une chose si simple, cette académisation grandiloquente qui suffirait à elle seule à étouffer la possibilité de " candeur intellectuelle des petits enfants ", a engendré des plantes anémiques que les vents hostiles ont tôt fait de déraciner. Le grand mal de notre époque ne vient pas que de l'ennemi, et le mal spirituel ne se prévient ni ne se guérit avec les mêmes méthodes compliquées et toujours nouvelles qu'on applique aux maux corporels. Depuis que méthodes d'enseignement et pédagogues ont quitté la voie traditionnelle, éprouvée par des siècles de résultats tangibles, ils semblent perdus et changent leurs manuels tous les dix ans, avec des résultats toujours plus déplorables. Comme les parents atterrés comprennent assez difficilement ce qui se passe, en comparant l'assiette morale des générations, les prestidigitateurs de la psychanalyse les rééduquent à récole des parents ", où ils entendent parfois les enfants expliquer ce que les parents devraient faire !

Là où la Foi a été bien plantée et sainement alimentée, la vertu est plus facile et la société n'endure pas la corruption ouvertement étalée des mœurs publiques. Plus faiblit la croyance en la récompense du bien et le châtiment du mal, plus s'étiole le sens du péché et de la responsabilité personnelle, plus se répand la confusion sociale, simple reflet du chaos spirituel.

Les Ordres sont intervertis

Dans la bataille, c'est surtout la jeunesse qui est le gros enjeu. Ce n'est pas sans raison que toute la phalange des forces judéo-antichrétiennes travaille, depuis le début même de la grande Révolution, à séculariser et laïciser l'enseignement dans les pays de l'Occident chrétien, afin de le circoncire de tout ce qui peut suggérer ou affirmer la foi et la moralité chrétiennes. Et cela, au mépris de la volonté des peuples occidentaux, grâce à la jonglerie que des minorités malfaisantes peuvent pratiquer en exerçant l'art subtil de l'électoralisme. Les foules chrétiennes, ignoblement trompées par le sophisme et conduites au bord de l'abîme, n'ont-elles pas trop toléré et trop longtemps ? D'autant plus qu'au laïcisme presque mondialement propagé, la foi et la moralité de la jeunesse occidentale ont été sapées par une marée toujours grandissantes de littérature, d'images, de spectacles, de chansons et de radiophonie érotiques, d'incitations à la violence, d'irrespect de la vie humaine et de la propriété qui ne connaissent ni pause ni répit.

Il est temps que les foules chrétiennes imposent, avec la sévérité qui convient, le respect de leur âme, de leur foi, de leur morale et de leurs traditions, sur les territoires qu'elles ont peuplés et organisés. La lâcheté de la tolérance judéolibérale a fait trop de ravages. Ce n'est pas à quelques pustules qui recouvrent tout un corps qu'il faut s'attaquer, mais à la cause même de ces pustules. A quoi sert de faire des saisies dans quelques kiosques à journaux si l'autorité fédérale supérieure permet l'entrée en douane des contaminants qui doivent être distribués dans tout le pays, sous formes d'imprimés, films, bobines ou clichés ? Le scandale érigé en institution ne pourrait se disséminer si les sources en étaient taries.

La course à l'argent a été imposée aux foules comme première nécessité de la vie, grâce au rouage économique que les maîtres de la finance mondiale ont imaginé ; les foules haletantes d'efforts et de travail ne sont guère plus avancées, d'une génération à l'autre. Quand un cataclysme économique a été réparé, après un quart de siècle de labeur intensif, on anéantit par l'inflation l'argent accumulé, en détruisant la moitié ou plus de sa valeur, on ruine par un écroulement nouveau les plus débrouillards qui avaient accédé à la fortune ou l'aisance. Façon probable de préparer les peuples à la dépossession totale quand la Révolution sera consommée ! Par le culte obligé du Veau d'Or, la préséance des grands organismes d'Ordre a été invertie. La Politique a voulu asservir la Religion afin de mieux régir l'âme des peuples, et la Finance a par sa puissance déterminante dans le jeu démocratique voulu régir la Politique, pour s'emparer de l'orientation des mêmes peuples ; formule qui ne peut que conduire par son matérialisme, à une domination implacable de ces peuples et, qui sera, en somme, une "théocratie de l'argent", comme le prouve le super-capitalisme d'Etat d'outre-rideau de fer camouflé sous le nom de "démocratie populaire".

De notre côté du rideau nous avons la même image, moins précise, camouflée sous le vocable de "*démocratie capitaliste*". L'un et l'autre système affirment, par leurs appellations et leur action, que ce n'est plus l'Esprit, ni la conception de la vie, ni la culture dont dépendent le sort et l'orientation des hommes, mais de simples systèmes sortis des mains des hommes. La démocratie, dans le sens idéal qu'on lui donne, n'a encore jamais vraiment existé. Une camelote de piètre imitation a prétendu au titre, sous forme de coteries ou factions politiques, de soviets ou conseil d'ouvriers, soldats ou paysans. Mais la réalité de la démocratie — et il est bon qu'on mentionne toujours plus souvent la chose inexistante afin de la faire surgir — ne pourra venir qu'avec une seule formule : le Corporatisme. Car le Corporatisme englobe sous son autorité non seulement la finance, la politique, mais aussi l'économie, le métier ou profession, le législatif, le social, et se couronne par une représentation directe dans l'Exécutif de la nation. Seul le Corporatisme pourra donner aux peuples les moyens de financer leur propre développement sans avoir à se laisser enchaîner par la finance anonyme de l'extérieur, pourra répartir entre tous les participants aux activités économiques leur part raisonnable de ce qu'ils produisent, pourra provoquer sans heurt la décentralisation, la multiplication des initiatives et des fortunes, l'auto-discipline des classes ou activités diverses de la nation, et donner enfin ce dont on discute verbeusement depuis un siècle tout en s'en s'éloignant constamment : la justice sociale.

Préparation des chefs

Commentant la grande lettre encyclique anticommuniste de Pie XI, le génial Pie XII disait en 1952 : "... la partie principale en est celle qui concerne l'ordre corporatif. Pourquoi ? Parce que l'ordre corporatif contient justement toutes les conditions et tous les éléments de la justice sociale sans laquelle on ne peut espérer de paix réelle entre hommes, classes, peuples ou continents. Lorsque les cadres sociaux bâtis par les ordres matérialistes — toujours pour l'avantage primordial de minorités ou petits groupes intéressés — aura croulé, l'ordre corporatif trop longtemps refoulé surgira comme cadre social nouveau et apparaîtra à un monde émergé du désespoir comme le plus grand cadeau, comme l'apothéose du génie chrétien dans sa réalisation d'un ordre humain spiritualiste donnant justice au plus petit comme au plus grand, au plus humble comme au plus puissant des fils d'Adam.

Plus cet ordre corporatif devient impérieux, moins on en parle, parmi les catholiques autant que parmi les satanistes. L'ère de " confusion et de ténèbres " des matérialisme presque intégral semble les avoir tous chloroformés, avec une propagande unifiée par les complaisances de l'argent ou les menaces d'un terrorisme moral. Quelques " fous ", " illuminés ", " idéalistes ", " *gens peu pratiques* ", " *gens peu d'affaires* ", etc., en ont occasionnellement parlé mais pour n'entendre, comme écho, que l'insulte ou la dérision. Il est inutile, avant l'écroulement des cadres érigés par le libéralisme et ses sous-produits, de tenter ou espérer le Corporatisme, puisqu'il est l'antithèse et la condamnation des ordres matérialistes (marxiste ou capitaliste). qui mènent le monde des deux côtés du rideau de fer, sous une même autorité d'arrière-coulisse. Dès qu'il voudrait s'affirmer, tout ce que la " démocratie " libéralo-maçonnico-communiste compte de factions politiques, d'organisations ou de puissances s'érigeraient d'un commun accord contre lui, car le Corporatisme ne signifie pas autre chose que leur anéantissement dans un ordre supérieur de justice et de paix sociales.

Espérer faire l'éducation populaire du Corporatisme, en une fin de décadence où les grands organismes susceptibles d'éduquer sont aux mains ou sous le contrôle des forces du mal et sont domestiqués à ne faire que de la propagande, est une sérieuse illusion. Il n'y a toujours eu et n'y aura toujours, dans l'humanité, que deux groupes : les meneurs et les menés, les pasteurs et les brebis. Qui doivent être les chefs et d'où doivent-ils venir ? Seule la Providence le sait. De tous les vrais chefs de l'histoire en tous lieux, aucun de, ceux qui a surgi n'aurait prévu vingt ans l'avance — pas plus que son entourage — le rôle directeur qui devait lui être assigné. Pourtant, ce sont les chefs qui doivent être préparés, par la vie autant que par la formation. Que des groupes ou des écoles de pensée soient organisés, les futurs chefs y seront attirés par la force des choses. Suivant ce que seront ces écoles et leur enseignement, les chefs seront bons ou mauvais, supérieurs ou médiocres, bienfaisants ou funestes. C'est à eux surtout, plutôt qu'à la foule, que doivent être enseignés l'esprit et l'architecture du Corporatisme, le système de reconstruction sociale qui suivra l'écroulement de l'ère judéolibérale.

C'est dans leurs principes chrétiens que doivent être d'abord réveillés et réformés les peuples partageant de la culture-civilisation chrétienne. Le reste ira tout seul. Blanc de Saint-Bonnet a écrit avec beaucoup de raison : *" Toute erreur politique est une erreur théologique réalisée "*, c'est-à-dire l'application civile pratique d'une idée en opposition avec la doctrine en laquelle croit un peuple. Aussi, non seulement il n'est pas indifférent, mais encore il est d'une extrême gravité que les peuples chrétiens soient dirigés, représentés ou légiférés par des chefs hostiles à la vérité chrétienne, qu'il soient francs-maçons, marxistes ou sionistes. Le chaos politique qui s'accentue d'année en année est le résultat de la tolérance des directives, programmes, manifestes, slogans, chartes et déclarations lancés des mêmes sources franchement antichrétiennes et qu'on fait avaler à des foules incapables d'y discerner la contradiction de leurs croyances, de leurs aspirations.

Mort et Renaissance

La haute politique est aux mains de la Banque Mondiale de l'Or qui en détermine le Cours confus par ses trois organismes internationaux : marxiste, maçonnerie, sionisme. Nul chrétien capable d'une vision large n'a le droit de s'en désintéresser. Que cette monstrueuse organisation décide, pour hâter l'échéance de son plan politique, de déclencher un affaissement économique général ou une nouvelle guerre universelle, les gouvernements locaux et les administrations locales en restent frappés aussi durement que les citoyens eux-mêmes et se voient tous soumis à une dictature mondiale qui façonne à son gré leur vie financière, économique et sociale. Le nombre des communistes d'un pays ou des maçons dans une administration publique a moins d'importance que cette formidable puissance anonyme de détermination. L'effrayante secousse par laquelle les conspirateurs croient pouvoir compléter leur domination définitive du monde pourra avoir aussi facilement comme conséquences de briser leurs griffes qui tiennent tant de monopoles et redonner aux chrétiens leur maîtrise sur l'Occident. C'est même ce qui arrivera inévitablement, car dans un corps-à-corps mondial entre l'argent et l'âme, entre la matière et l'esprit, entre l'illusion et la réalité, entre l'œuvre humaine et la création divine, le résultat ne fait aucun doute, quels que soient les débris accumulés dans la lutte.

Depuis que les "*Protocoles*" sionistes ont été publiés, au début de ce siècle, on a pu suivre pas à pas, détail par détail, chapitre par chapitre, le déroulement du plan satanique qui y est consigné et pour l'achèvement duquel il reste encore peu de chemin à parcourir. Les niaiseries débitées sur ce livre n'en infirment en rien sa parfaite concordance avec les événements contemporains. Il faut le lire et le relire, non seulement pour comprendre l'action unifiée des grandes internationales subversives, mais aussi pour avoir, en l'appliquant à rebours, un plan presque idéal de reconstruction dans ce que sera le monde de demain.

Ce monde sera bâti par les jeunes d'aujourd'hui qui ne se laissent pas emporter par les folles idées de la décadence ; qui sont capables, dans le tintamarre assourdissant du modernisme, de vivre une vie intérieure sérieuse et recueillie ; qui, au plus fort de la guerre des nerfs, méprisent la peur suscitée par les terrorismes ; qui sont aptes à l'abnégation et aux sacrifices pour servir la Vérité ; qui ont des principes solidement :enracinés et jouissent de ce flair si précieux qui fait discerner l'erreur cachée sous les sophismes les plus séduisants ; qui ont le sens des besoins vitaux de leur époque, surtout le sens rarissime du plus grand de tous les arts : l'art politique qui consiste à orienter des hommes, des peuples, vers une vie meilleure, plus pacifique, plus naturelle, plus conforme à leur double destinée. C'est à eux, ces vrais forts, que demain appartient, avec ses redoutables responsabilités et ses magnifiques possibilités de réalisation.

L'achèvement de la Révolution Mondiale apportera sa propre mort, dans l'épuisement de son mensonge et son désordre. Cette mort est une nécessité dont on ne saurait trop souhaiter la venue prochaine. Car il ne peut y avoir de Renaissance sans mort préalable. Chez les disciples avertis ou ignorants de la Révolution, mort du sens religieux, mort du sens moral, mort du sens patriotique, mort du sens social, mort du sens de justice et d'équité, afin que renaisse sur cette désintégration une vie nouvelle, comme l'arbrisseau qui pousse, vigoureux et agressif, sur le pourrissement du vieil arbre tombé. Quand viendra cette Renaissance déjà en retard, elle ne flottera pas comme la première entre le christianisme et le paganisme antique, comme en donnèrent le spectacle ces peintres, sculptées, écrivains et humanistes qui, aussitôt terminée la fresque d'une Annonciation dans une cathédrale, couraient peindre à la chandelle de leurs ateliers la naissance d'une Vénus, passaient d'une Assomption au viol d'une Lucrèce, ou d'un Père Eternel à un Jupiter olympien, grâce au doute semé dans toute l'Europe par la Réforme, les Templiers et les subversités juives. La culture gothique, qui avait marqué l'apothéose scolastique débarrassée de toutes les scories de l'ère pré-chrétienne, reprendra enfin sa marche ascendante, libre des parasitismes de retardement et de distorsion.

L'inspiration que le matérialisme Avait chassée de partout, avec son esthétique qui n'avait trouvé comme dernier refuge que son application aux machineries et aux créations de l'utilitarisme réilluminera les esprits gestateurs d'une clarté plus vive qu'en aucune autre époque ; penseurs, littérateurs, artistes prendront comme point de départ, les plus hauts sommets atteints par les génies les plus illustres de la culture chrétienne et monteront vers des rîmes nouvelles. La grande et glorieuse civilisation qui a dirigé et moulé le monde depuis quinze siècles, la seule même qui a véritablement mérité le nom de civilisation depuis la chute du premier homme, reprendra sa marche solennelle vers l'avenir, libérée des entraves artificielles qui ont tenté de la faire dévier de son cours pendant quelque temps ; son esprit dynamique, indestructible puisqu'il tient d'un germe divin, alliant ses principes d'Ordre aux développements scientifiques prodigieux qu'il a lui-même suscités, donnera à notre monde, après tant de faillites et de malheurs apportés par le matérialisme, l'ère d'apaisement et de justice que personne ne peut donner sauf Celui qui a dit, avant de disparaître : " *Je vous laisse ma paix* ". La civilisation chrétienne, à tout prendre n'en est encore qu'à ses débuts, tant elle contient de trésors toujours inexplorés et de possibilités sans limites. Si un jour elle disparaît, c'est parce que le dernier homme aura disparu.

$$\frac{\text{xxx}}{\text{xxx}}$$

www.the-savoisien.com
www.pdfarchive.info
www.vivaeuropa.info
www.freepdf.info
www.aryanalibris.com
www.aldebaranvideo.tv
www.histoireebook.com
www.balderexlibris.com

www.ingramcontent.com/pod-product-compliance
Lightning Source LLC
LaVergne TN
LVHW041539060526
838200LV00037B/1049